Tanklöschfahrzeug TLF 2000 von Schlingmann, siehe auch Seite 33

 2014

2. Auflage 2015
Verlag Podszun-Motorbücher GmbH
Elisabethstraße 23-25, D-59929 Brilon
Herstellung Druckhaus Cramer, Greven
Internet: www.podszun-verlag.de
Email: info@podszun-verlag.de

ISBN 978-3-86133-678-5

Für die Richtigkeit von Informationen, Daten und Fakten kann keine Gewähr oder Haftung übernommen werden. Die Abbildungen und Texte dieses Buches sind urheberrechtlich geschützt. Es ist daher nicht gestattet, diese zu scannen, in PCs oder auf CDs zu speichern oder im Internet zu veröffentlichen.

Das ist stark!

Feuerwehrfahrzeuge
verständlich erklärt

Vorwort

Feuerwehrleute retten Leben. Sie werden alarmiert wenn es brennt oder wenn Unfälle im Straßen-, Bahn- oder Flugverkehr passieren. Sie sind auch zur Stelle, wenn Sturm- oder Wasserschäden behoben werden müssen, bei Chemieunfällen, bei Katastophen aller Art und bei unzähligen anderen Notfällen. Und selbst dann, wenn eine Katze so hoch auf einen Baum klettert, dass sie sich nicht mehr herunter traut, verweigern sich die Feuerwehrleute nicht: Sie rücken mit einer Drehleiter an! Keine Frage: die Arbeit der Feuerwehrleute ist extrem wichtig und oft überaus hart und schwierig. Deshalb brauchen sie neben einer optimalen Ausrüstung Fahrzeuge, die jeweils auf die unterschiedlichen Einsätze spezialisiert sind. Zum Glück für uns alle haben sie die. Wir zeigen und erklären sie auf den folgenden Seiten.

Rettungstreppenfahrzeug RTF
von Rosenbauer

Dank

für viele Hinweise und seine überaus hilfreiche Beratung gilt Herrn Michael Klaholz aus Brilon. Bilder stellten zur Verfügung: Herr Stefan Fleischer, Herr Dr. Andreas Klingelhöller, Herr Jochen Thorns, Herr Thorsten Waldmann und die folgenden Feuerwehraufbauhersteller: BRONTO SKYLIFT, EMPL, GIMAEX, IVECO MAGIRUS, LENTNER, ROSENBAUER, SCHLINGMANN und ZIEGLER

Die Besatzung der Feuerwehrfahrzeuge

Der **Trupp** oder ist mit zwei oder drei Feuerwehrleuten die kleinste Besatzung. Bei einem Trupp mit zwei Leuten bilden der Truppführer und ein Truppmann die Besatzung. Geschrieben sieht das bei der Feuerwehr so aus: (0/2/2). Bei einem Trupp mit drei Leuten kommt ein Maschinist dazu (1/2/3). Das ist dann ein sogenannter „selbstständiger Trupp". Eine Truppbesatzung haben beispielsweise Tanklöschfahrzeuge, Rüst- und Gerätewagen, Hubrettungsfahrzeuge oder Schlauchwagen.

Die **Staffel** besteht aus sechs Leuten: Einem Staffelführer, einem Maschinisten und zwei Trupps mit jeweils einem Truppführer und einem Truppmann (1/5/6). Mit Staffeln besetzt sind Tragkraftspritzenfahrzeuge, Tanklöschfahrzeuge, Kleinlöschfahrzeuge und Mittlere Löschfahrzeuge.

Eine **Gruppe** sind neun Leute: Ein Gruppenführer, ein Maschinist, ein Melder und drei Trupps mit jeweils einem Truppführer und einem Truppmann (1/8/9). Typische Feuerwehrfahrzeuge für eine Gruppenbesatzung sind Löschgruppenfahrzeuge, Hilfeleistungslöschgruppenfahrzeuge und Mannschaftstransportfahrzeuge.

Der **Zugführer** mit **Zugtrupp** sind vier Leute: Ein Zugführer, ein Führungsassistent, ein Melder und ein Fahrer (1/1/2/4). Die werden gebraucht in Einsatzleitfahrzeugen.

Blick in die Mannschaftskabine eines HLF mit integrierten Atemschutzgeräten

Inhalt

Einsatzleitfahrzeuge

Kommandowagen KdoW ■ Seite 8
Einsatzleitwagen 1 ELW 1 ■ Seite 10
Einsatzleitwagen 2 ELW 2 ■ Seite 12

Sonderlöschfahrzeuge

Flugfeldlöschfahrzeug FLF ■ Seite 38
Universallöschfahrzeug ULF ■ Seite 42

Löschfahrzeuge

Tragkraftspritzenfahrzeug TSF ■ Seite 16
Kleinlöschfahrzeug KLF ■ Seite 20
Mittleres Löschfahrzeug MLF ■ Seite 21
Löschgruppenfahrzeug LF ■ Seite 24
Hilfeleistungslöschgruppenfahrzeug HLF ■ Seite 28
Tanklöschfahrzeug TLF ■ Seite 32
Großtanklöschfahrzeug GTLF ■ Seite 36

Hubrettungsfahrzeuge

Drehleiter DL ■ Seite 44
Hubarbeitsbühne HAB ■ Seite 47

Rüst- und Gerätefahrzeuge

Vorausrüstwagen VRW ■ Seite 50

Rüstwagen RW ■ Seite 51

Gerätewagen GW ■ Seite 52

Feuerwehrkran FwK ■ Seite 54

Rettungsdienstfahrzeuge

Rettungswagen RTW ■ Seite 56

Krankentransportwagen KTW ■ Seite 57

Notarzteinsatzfahrzeug NEF ■ Seite 58

Sonstige Fahrzeuge

Mehrzweckfahrzeug MZF ■ Seite 59

Kleineinsatzfahrzeug KEF ■ Seite 59

Mannschaftstransportfahrzeug MTF ■ Seite 60

Schlauchwagen SW ■ Seite 60

Großlüfterfahrzeug ■ Seite 61

Schienenfahrzeug ■ Seite 61

Rettungstreppenfahrzeug RTF ■ Seite 62

Wechselladerfahrzeuge

Wechselladerfahrzeug WLF ■ Seite 55

Inhalt 7

Einsatzleitfahrzeuge

Der Kommandowagen kurz KdoW

ist normalerweise ein Pkw oder ein Kombi. Damit fahren die Einsatzleiter bei kleineren Einsätzen zum Einsatzort. Mit dem Pkw sind sie schneller an der Einsatzstelle als die großen schweren Feuerwehrfahrzeuge. Deshalb können sie dort schon alles erkunden, planen, und vorbereiten. Treffen die anderen Fahrzeuge mit den Mannschaften ein, können die Einsatzleiter gleich sagen, was zu tun ist. Beladen ist der KdoW mit Atemschutz- und Funkgeräten, Handscheinwerfern, diversen Messgeräten und einer Winkerkelle. Außer zu Einsätzen wird der KdoW auch als Dienstwagen von den Chefs der Feuerwehren genutzt.

KdoW der Werkfeuerwehr des Flughafens Hannover-Langenhagen, Mercedes-Benz Geländewagen GLK 220 CDI 4-matic (Allrad), 170 PS, mit LED Sondersignalanlage DBS 4000 von der Firma Hänsch

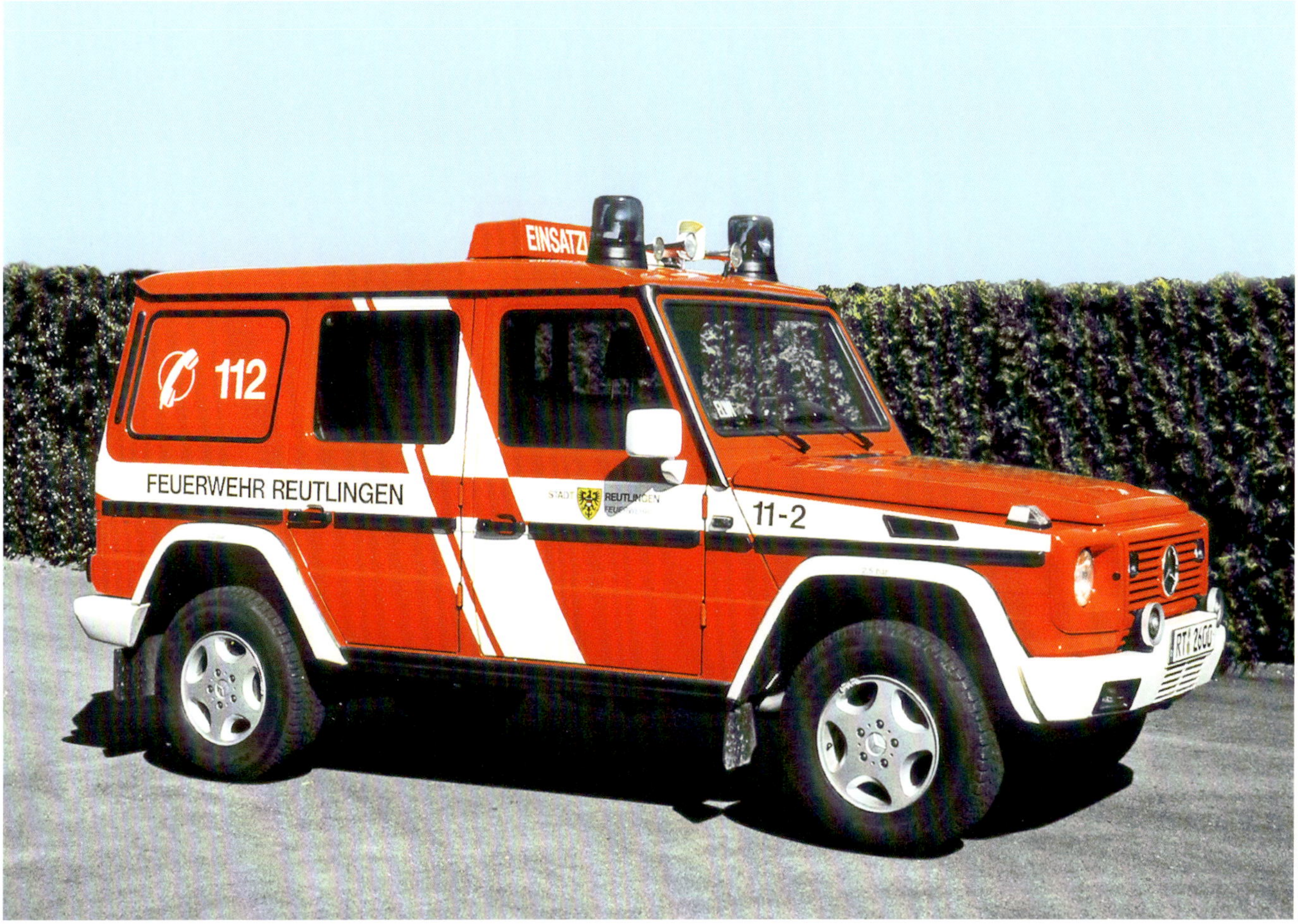

Jochen Thorns

KdoW der Berufsfeuerwehr Reutlingen. Mercedes-Benz GD 300, 177 PS, aufgebaut von Barth, ausgestattet mit Rundumkennleuchten, Frontblitzern und Martinshorn

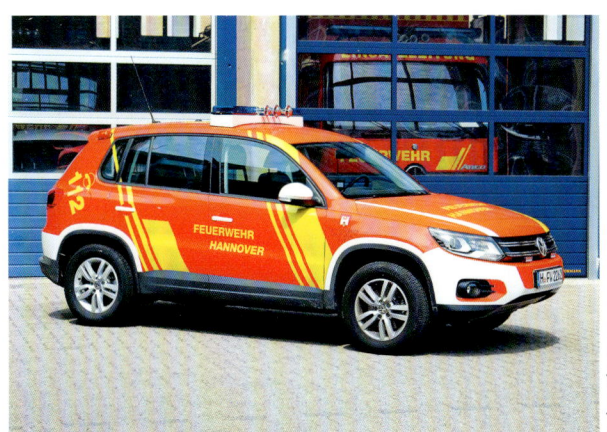

Jochen Thorns

KdoW der Berufsfeuerwehr Hannover, VW Tiguan Track & Field 2.0 l TDI, 140 PS, mit 6-Gang-Automatikgetriebe, Allrad

Dr. Andreas Klingelhöller

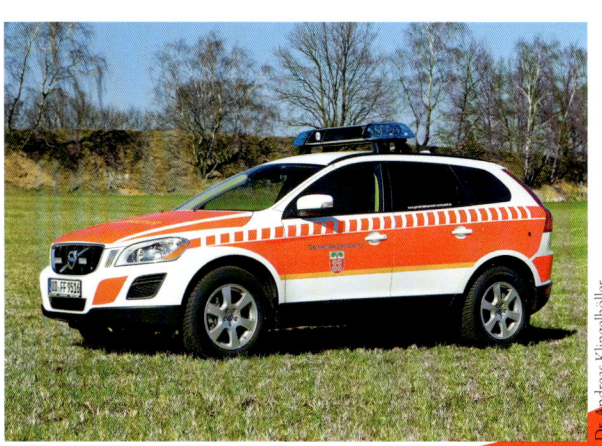

KdoW des Gemeindebrandmeisters von Barsbüttel, Volvo XC 60, 163 PS, mit Hella Sondersignalanlage RTK (Rundumton-kombination) und LED Frontblitzern

Der Einsatzleitwagen 1 kurz ELW 1

ist ein geschlossener Kleintransporter oder Kleinbus wie Mercedes Sprinter oder VW Crafter. Der ELW 1 ist für die meisten Feuerwehren das Standardführungsfahrzeug für Einsätze bis zu mittlerer Größe. Wie beim KdoW fahren damit die Einsatzleiter und zusätzlich Führungsgehilfen zum Erkunden und Leiten der Einsatzstelle. Im ELW 1 befindet sich ein Arbeitstisch mit zwei Kommunikationsarbeitsplätzen. Dort wird der Einsatz geplant, die Maßnahmen werden bestimmt und per Funk weitergegeben. Der ELW 1 ist die Schnittstelle zwischen der Feuerwehrleitstelle und der Einsatzleitung.

ELW 1 der Freiwilligen Feuerwehr Emmerich am Rhein, VW Crafter, am Heck mit auffälliger Beklebung und gelben Blitzern zur Warnung des fließenden Verkehrs, seitlich eine Sonnen- und Wetterschutzmarkise, Magnettafel für Skizzen zur Planung des Einsatzes, Aufbau von Gimaex

ELW 1 der Freiwilligen Feuerwehr Sprockhövel, MB Sprinter 316 CDI KA, Allrad, 163 PS, Ausrüstung: 4 Funkgeräte, 8 Handsprechfunkgeräte, 2 Computer, Arbeitstisch, Heckregal für die Beladung, Einbaugenerator, Rückfahrvideosystem, Markise mit Abstützung, Sondersignalanlage. Die rote Leuchte auf dem Dach signalisiert, dass sich hier die Einsatzleitung befindet

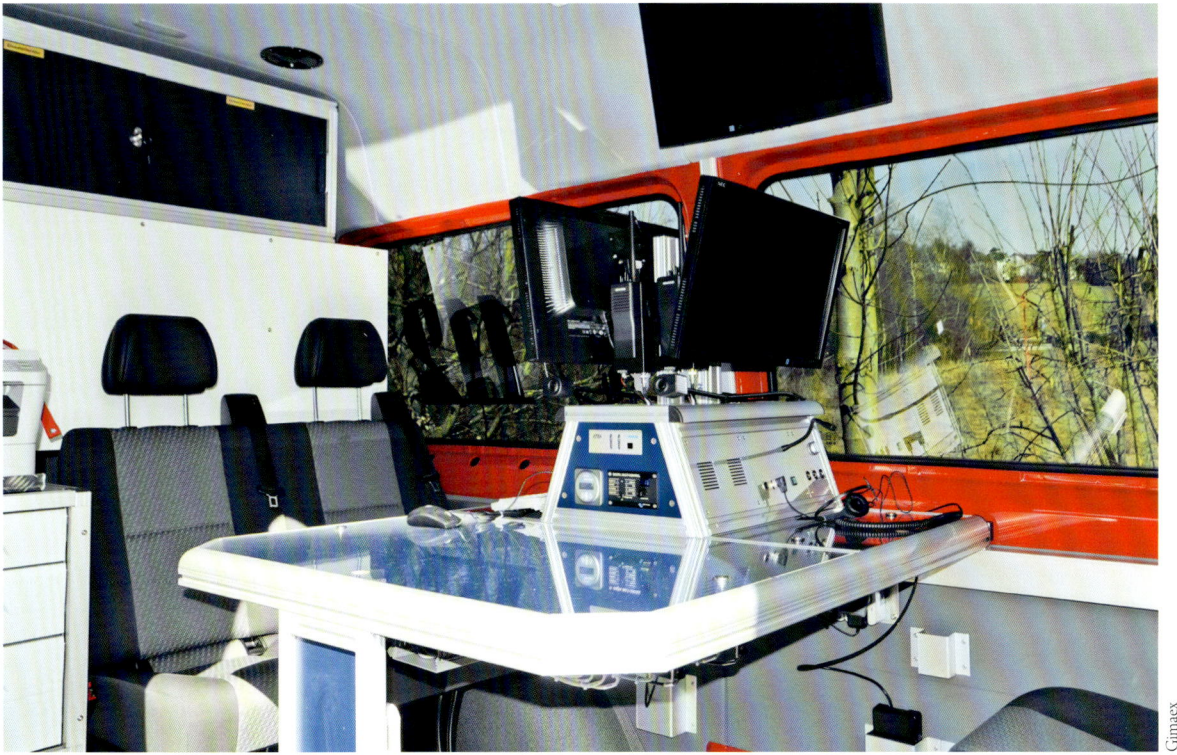

So sieht ein **ELW 1** von innen aus: Arbeitstisch mit zwei Kommunikationsarbeitsplätzen, Funkgeräte, Computer, Bildschirme

Der Einsatzleitwagen 2 kurz ELW 2

ist ein Lastwagen mit Kastenaufbau, ein Wechselladerfahrzeug mit Abrollbehälter, eine Zugmaschine mit Sattelauflieger oder ein Bus. Der ELW 2 wird von Führungsgehilfen zum Einsatzort gefahren, dort dient er den Einsatzleitern von Feuerwehr, Rettungsdienst, Polizei oder anderen Behörden als Führungsfahrzeug und zur Besprechung. Außer dem Raum für Fahrer und Beifahrer hat der ELW 2 einen Raum für Kommunikationsarbeitsplätze und einen Besprechungsraum mit mehreren Sitzplätzen.

Hier sind zwei Lastwagen mit Kastenaufbau zu sehen. Die beiden **ELW 2** des Kreises Siegen-Wittgenstein zeigen in der Dämmerung ihre Sondersignalanlage und das Fahrlicht, der Aufbau der MAN wurde von Gimaex gefertigt

Ein Bus als **ELW 2** des Landkreises Northeim. Die Firma Aluca baute diesen Iveco Irisbus Crossway zum ELW 2 aus

ELW 2 der Freiwilligen Feuerwehr Norderstedt, von Gimaex auf einem MAN TGM 15.280 aufgebaut, 280 PS, Gesamtlänge fast zehn Meter, mit Funk- und Besprechungsraum

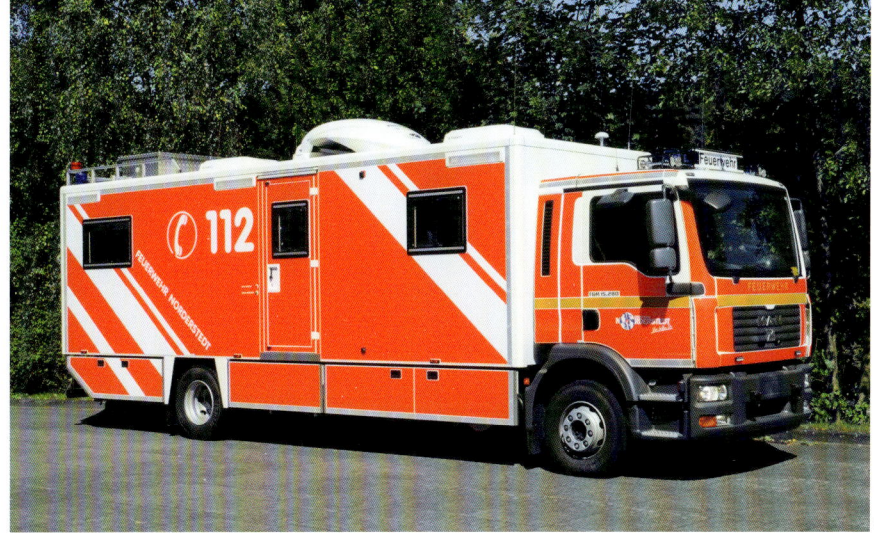

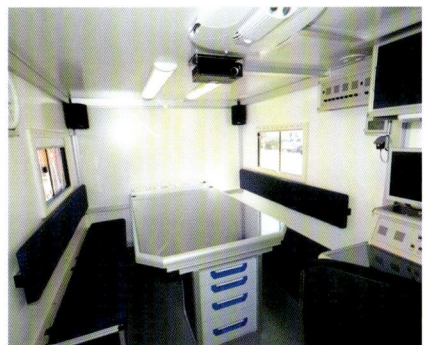

Besprechungsraum mit Tisch, 10 Sitzplätzen, Projektionswand, Magnettafeln, Kommunikationsarbeitsplatz, Computer, Beamer, Wetterstation und Mithöreinrichtung für 8 Funkkanäle

Funkraum mit 3 Bildschirmarbeitsplätzen, Telefonanlage, 5 schnurlosen Telefonen, 4 digitalen Telefonen, 4 Computerkomplettsystemen, Server, Multifunktionsgerät (Fax/Drucker/Scanner), 8 Funkgeräten, 4 Handsprechfunkgeräten und Magnetafel

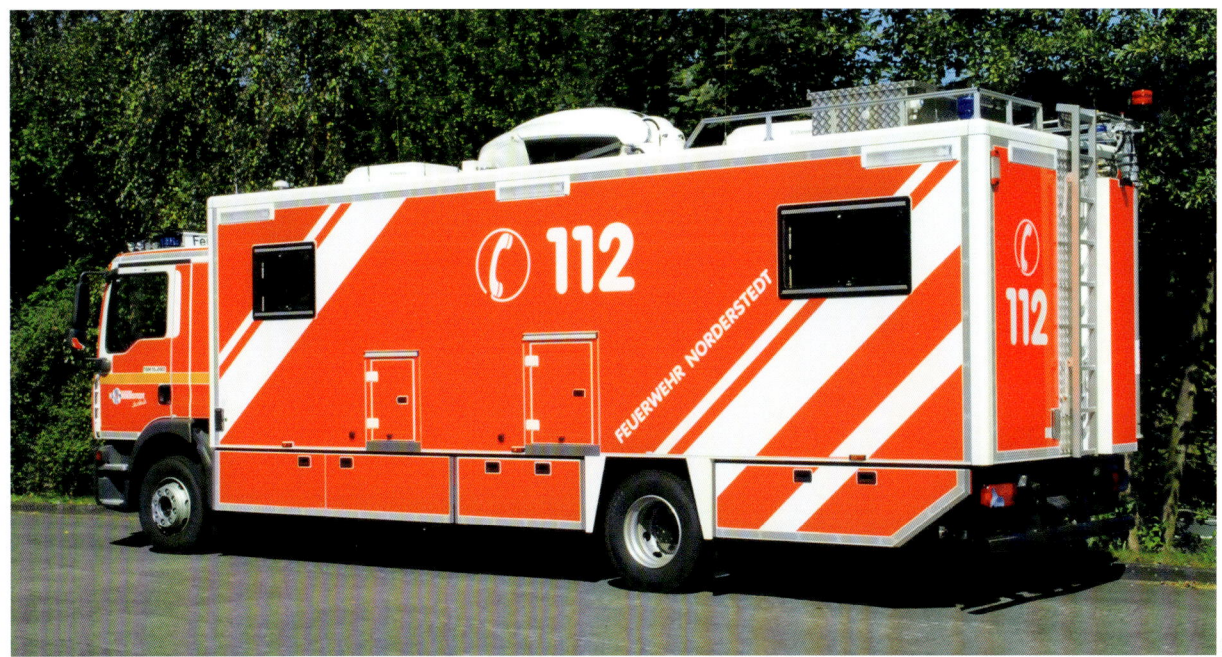

An der Rückwand ist die Aufstiegsleiter montiert, der pneumatische Antennenmast kann auf 10 m hochgefahren werden. Die Satellitenantenne, selbstausrichtend auf dem Dach montiert, ermöglicht völlig unabhängig die Kommunikations- und Datenverbindungen

Das Besondere am **ELW 2** der Berufsfeuerwehr Hannover, der von Gimaex gebaut wurde, sind die ausschiebbaren Seitenelemente zur Vergößerung der Arbeitsräume. Auf dem Foto unten ist der Antennenmast ausgefahren und die Satellitenantenne aufgerichtet

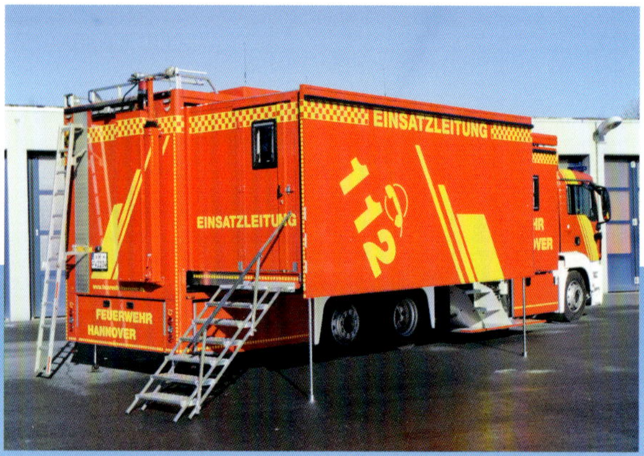

14 Einsatzleitfahrzeuge

Der **ELW 2** des Kreises Gütersloh ist ein Abrollbehälter, der auf einem Wechselladerfahrzeug transportiert und überall abgesetzt werden kann. Er ist aufgebaut von Gimaex und wie alle ELW 2 mit einer Menge Kommunikationstechnik ausgerüstet

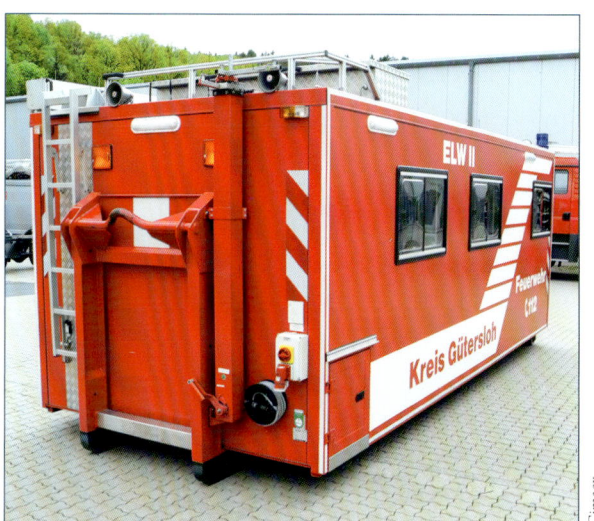

Den Abroll-ELW 2 hat Gimaex in zwei Bereiche unterteilt: in den Kommunikationsraum mit 3 oder 4 Arbeitsplätzen und den Besprechungsraum

Einsatzleitfahrzeuge 15

Löschfahrzeuge

Das **Tragkraftspritzenfahrzeug** kurz **TSF** ist ein kleines Feuerwehrfahrzeug zur Brandbekämpfung, das auf Transportern wie VW Crafter, Opel Movano oder MB Sprinter aufgebaut ist. Das Besondere am TSF: es hat keine fest eingebaute Pumpe und keinen Wassertank, sondern eine tragbare Feuerlöschkreiselpumpe, genannt Tragkraftspritze. Das heißt, dass die Feuerwehrleute am Einsatzort erst eine Löschwasserversorgung herstellen müssen. Weil das den Löschangriff verzögert, soll das TSF bald nicht mehr hergestellt werden. Es wird dann vom LF, KLF oder MLF ersetzt. Das TSF ist mit Material für eine Gruppe (9 Leute) ausgerüstet, die Besatzung besteht aber nur aus einer Staffel (6 Leute). Neben dem TSF gibt es noch das TSF-W, das zusätzlich mit einem Wassertank ausgerüstet ist.

TSF der Freiwilligen Feuerwehr Ettenbüttel auf MB Sprinter 313 CDI. Der feuerwehrtechnische Ausbau mit Heckauszugssystem zur leichteren Entnahme der Heckbeladung ist von Rosenbauer

Magirus Tragkraftspritze Fire mit 74 PS, 1.000 l Förderleistung pro Minute. Gewicht mit Benzin, Öl, Starter und Batterie: 190 kg

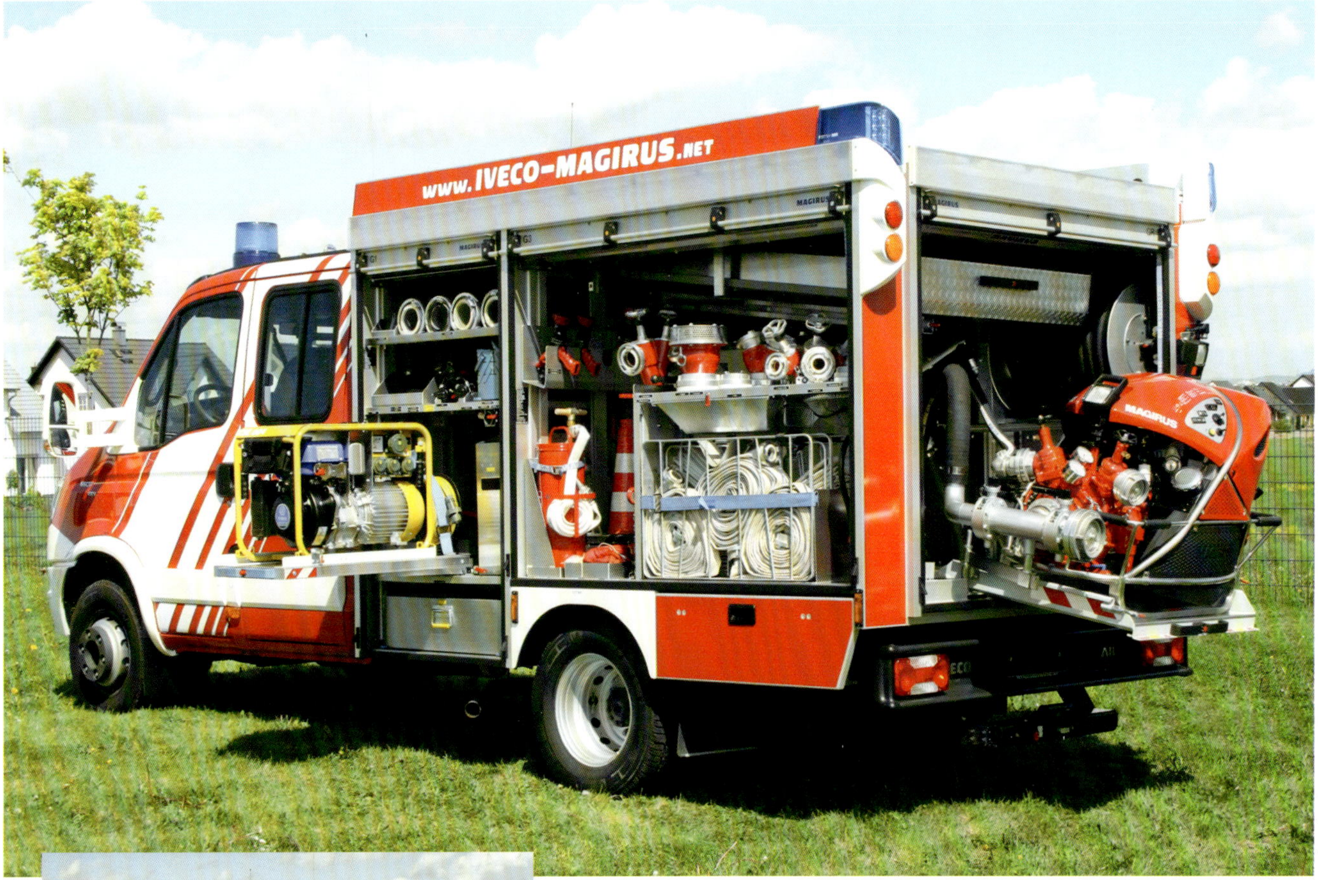

Stefan Fleischer

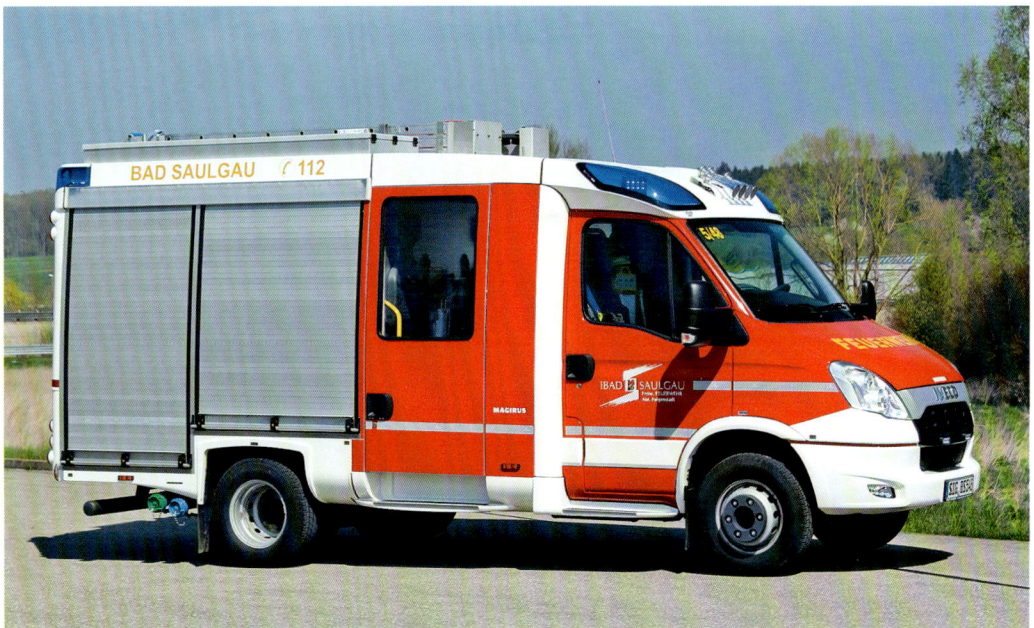

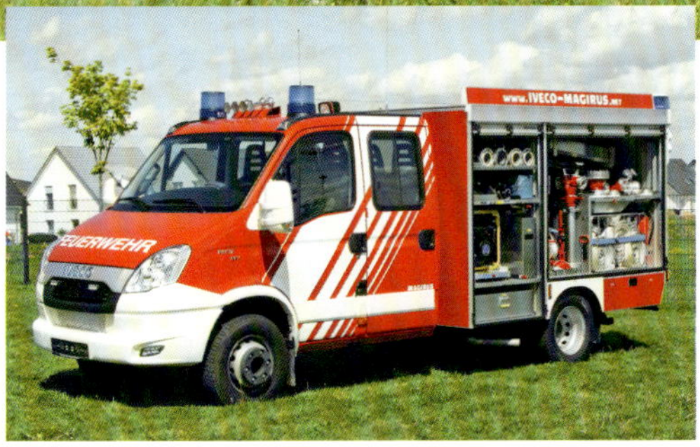

Stefan Fleischer

TSF-W auf Iveco Daily 65 C 18 mit 176 PS, Aufbau Magirus, innenliegender 500 l Wassertank. Ausstattung unter anderem: Tragkraftspritze Magirus Fire, mobiles Schaumgerät, pneumatischer Lichtmast, Stromerzeuger, Motorkettensäge, Tauchpumpe

Jochen Thorns

TSF-W der FF Saulgau, Iveco Daily 70 C 17, 800 l Wassertank, LED-Lichtmast, Pressluftatmer im Mannschaftsraum, umfangreiche Zusatzbeladung

Blaulicht und Martinshorn — **Teleskoplichtmast** — **Umfeldbeleuchtung**

Mannschaftskabine — **Blitzwarnleuchten** — **Mittelschaumrohr**

Ersatz-Atemluftflaschen — **Atemschutzgeräte** — **Schaummittelkanister** — **Schuttmulden** — **C-Schlauch Tragekörbe**

TSF-W mit Aufbau von Schlingmann auf MAN TGL 8.180

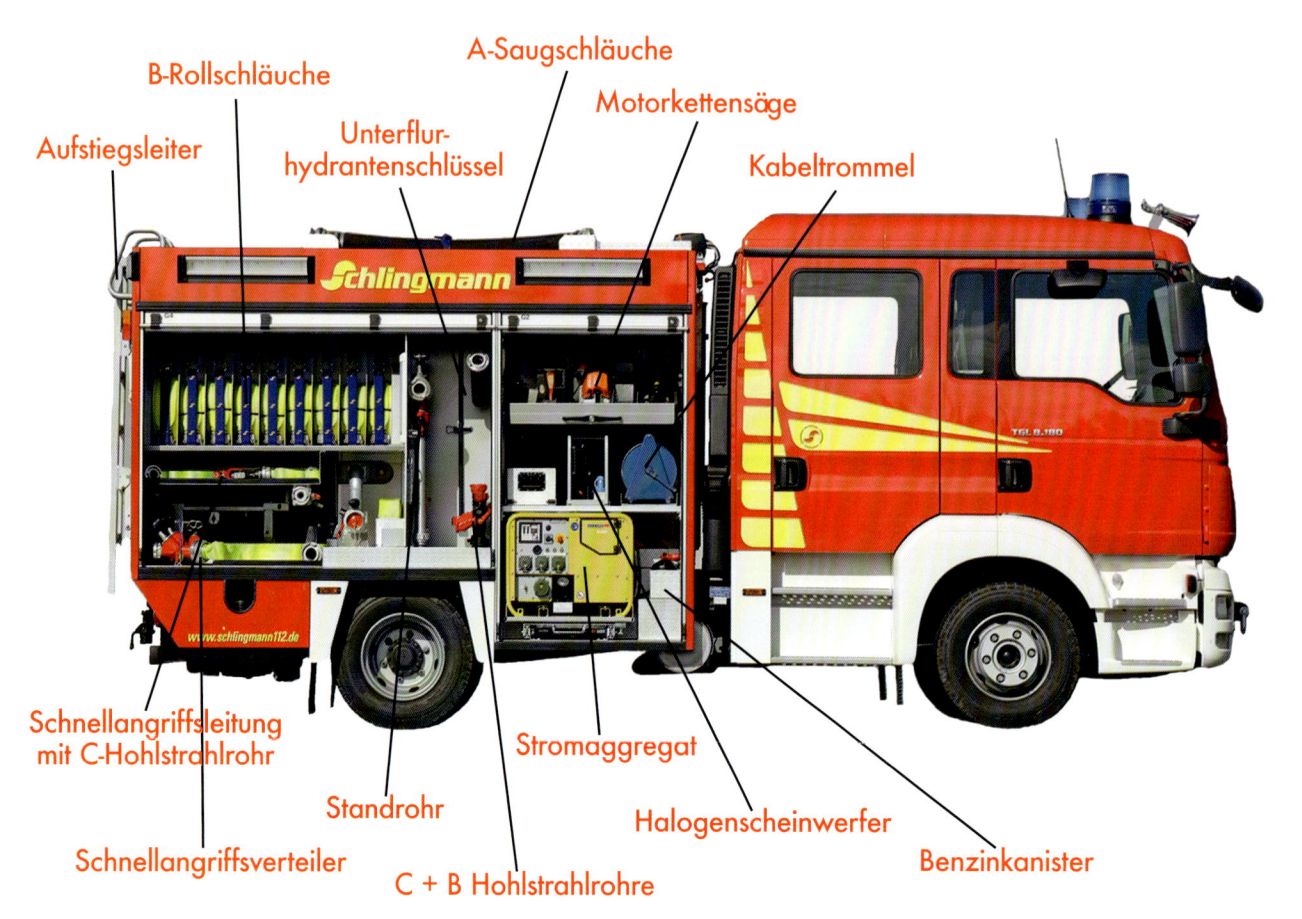

B-Rollschläuche — **A-Saugschläuche**

Aufstiegsleiter — **Unterflurhydrantenschlüssel** — **Motorkettensäge** — **Kabeltrommel**

Schnellangriffsleitung mit C-Hohlstrahlrohr — **Stromaggregat** — **Halogenscheinwerfer** — **Benzinkanister**

Schnellangriffsverteiler — **Standrohr** — **C + B Hohlstrahlrohre**

18 Löschfahrzeuge

Dieses TSF-W-Logistik baute Schlingmann nach einem Kundenwunsch als spezielles Kombinationsfahrzeug auf. In der Kabine ist Platz für eine Staffel (6 Leute) oder auch für eine Gruppe (9 Leute)

Im vorderen Teil ist an jeder Fahrzeugseite ein Geräteraum für die feuerwehrtechnische Beladung. Zwischen den Geräteräumen ist der Löschwassertank eingebaut, an den die Tragkraftspritze angeschlossen ist. So kann die Pumpe sofort zum Löschangriff eingesetzt werden

Im hinteren Teil des Aufbaus ist der große Laderaum. Der ist über die Heckladebordwand, die 1.500 kg tragen kann, erreichbar

Löschfahrzeuge 19

Das Kleinlöschfahrzeug kurz KLF

ist ein Kastenwagen oder ein Fahrgestell mit Doppelkabine mit Geräteaufbau. Es wird überwiegend bei kleineren Feuerwehren eingesetzt. Die Besatzung besteht aus einer Staffel (6 Leute). Das KLF hat eine feuerwehrtechnische Beladung zur Brandbekämpfung, zur einfachen technischen Hilfeleistung und eine Tragkraftspritze, die an den eingebauten 500 l Löschwassertank direkt angeschlossen werden kann. Auf dem Dach befindet sich eine vierteilige Steckleiter.

Von Ziegler auf einen Opel Movano 3500 aufgebautes **KLF**

KLF der Freiwilligen Feuerwehr Pottenbrunn, aufgebaut von Rosenbauer auf MB Sprinter 515/518 CDI mit 150 PS, zum Einsatz bei Bränden und kleinen technischen Hilfeleistungen, Tragkraftspritze Rosenbauer FOX III

Ein **Mittleres Löschfahrzeug** kurz **MLF**

kann auch noch ein Transporter sein, ist aber in der Regel ein Lastwagen bis 7,5 t Gesamtgewicht, also ein kleinerer Lastwagen. Das MLF hat eine Doppelkabine mit Platz für eine Staffel (6 Leute) und wird hauptsächlich von kleinen und mittelgroßen Feuerwehren angeschafft. Bei einem Brandeinsatz führt das MLF meistens den Erstangriff durch. Es hat einen Tank mit mindestens 600 l Löschwasser, umfangreiche Löschausrüstung, Gerät für technische Hilfe in geringem Umfang, 6 Kilogramm Löschpulver und 6 x 20 Liter Schaummittel.

MLF der FF Osterberg, Iveco Daily 70 C 17, mit 800 l Wassertank

Von der Firma Lentner auf einen Unimog aufgebautes **MLF**

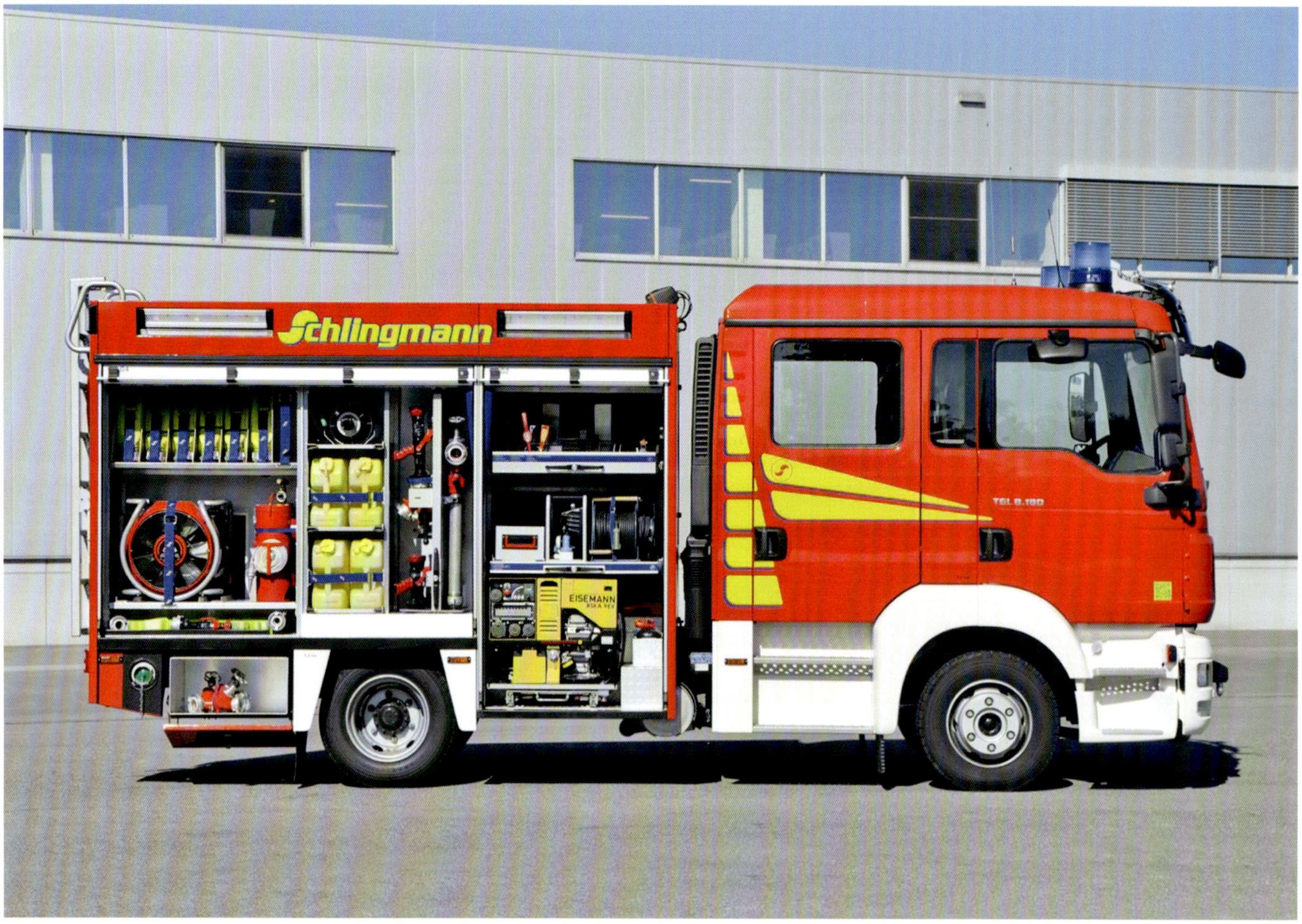

Schlingmann

MLF mit Aufbau von Schlingmann auf MAN TGL 8.180. In der Staffelkabine, die von MAN mitgeliefert wurde, sind unter anderem 2 Pressluftatmer gelagert

Schlingmann

Schlingmann

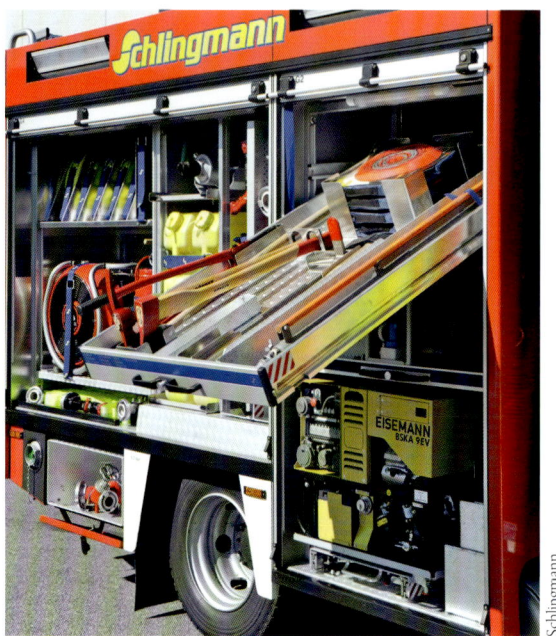

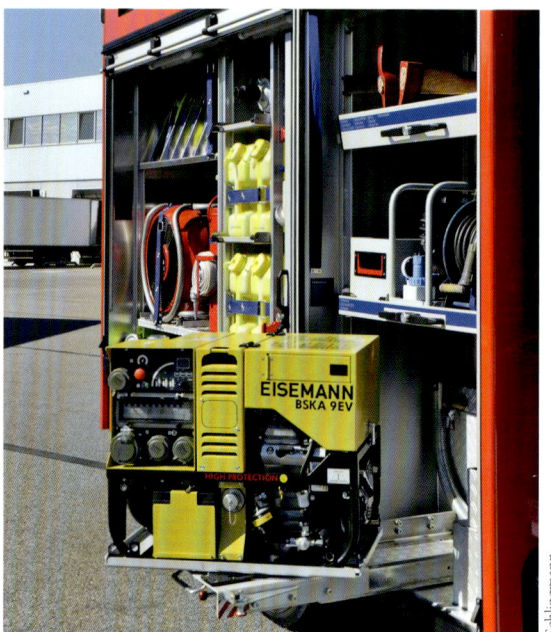

Die Geräteentnahme wird durch Schubladen und Auszüge erleichtert, rechts das tragbare Stromaggregat

Das Dach des Aufbaus des MLF ist begehbar, damit die Dachbeladung entnommen werden kann

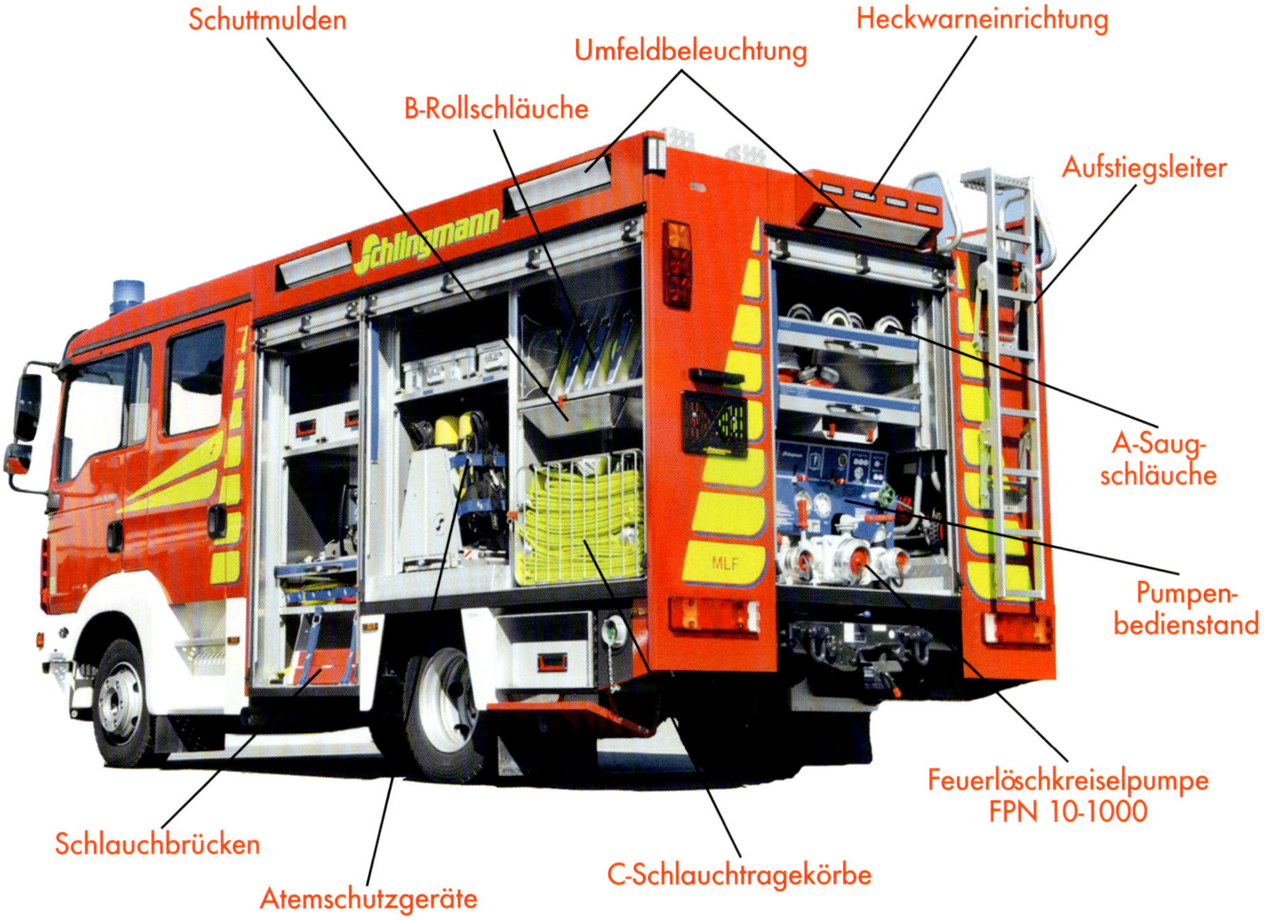

Das Löschgruppenfahrzeug kurz LF

ist das zur Brandbekämpfung am meisten eingesetzte Feuerwehrfahrzeug. Es ist mit einer großen Menge feuerwehrtechnischer Beladung und einer Feuerlöschkreiselpumpe unterwegs. Die Besatzung ist eine Gruppe (9 Leute). Mit dem eingebauten Tank und der Schnellangriffseinrichtung kann jederzeit sofort ein Löschangriff gestartet werden. Man unterscheidet bei den LF folgende Typen: Das LF 10 (Pumpenleistung 1.000 l/min und Löschwassertank mindestens 1.200 l) und das LF 20 (Pumpenleistung 2.000 l/min und Löschwassertank mindestens 2.000 l). Bei vielen Feuerwehren sind aber noch LF mit den alten Bezeichnungen wie LF 8, LF 8/6, LF 10/6, LF 16/12, LF 20/16, oder LF 24 im Einsatz. Für den Katastrophenschutz gibt es das LF 20 KatS, welches das alte LF 16 TS ablöst.

LF 20/16 der FF Vörstetten, aufgebaut von Magirus auf einen MB Atego 1629 AF

LF 10/6 der FF Salzgitter, aufgebaut von Rosenbauer auf einen MB Atego 1122 AF

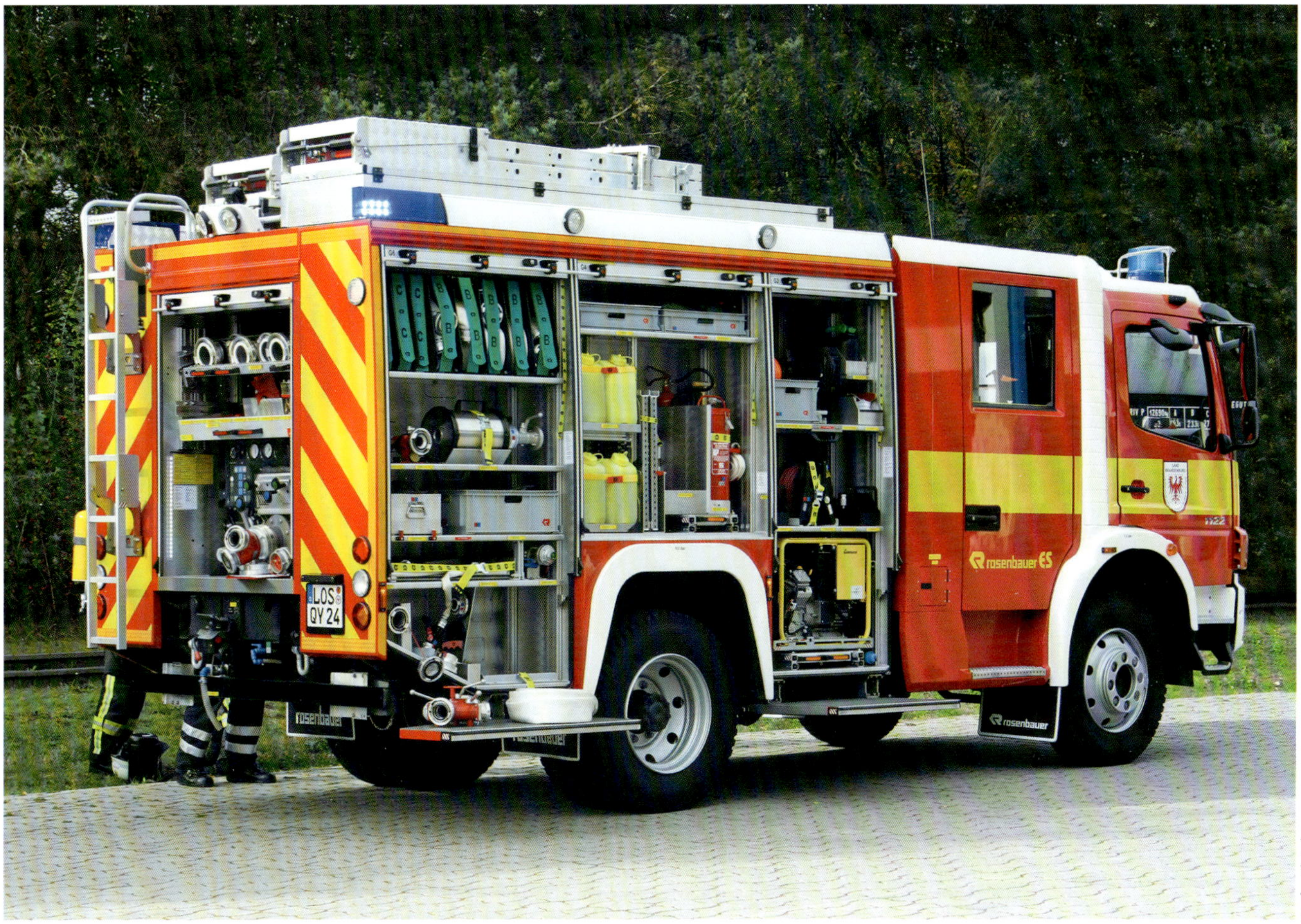

Stefan Fleischer

LF 10/6 **der Feuerwehrschule Eisenhüttenstadt, aufgebaut von Rosenbauer auf MB Atego 1122 AF mit 218 PS. Die Heckeinbaupumpe FPN 10-1000 fördert in einer Minute 1.000 l Wasser**

Stefan Fleischer

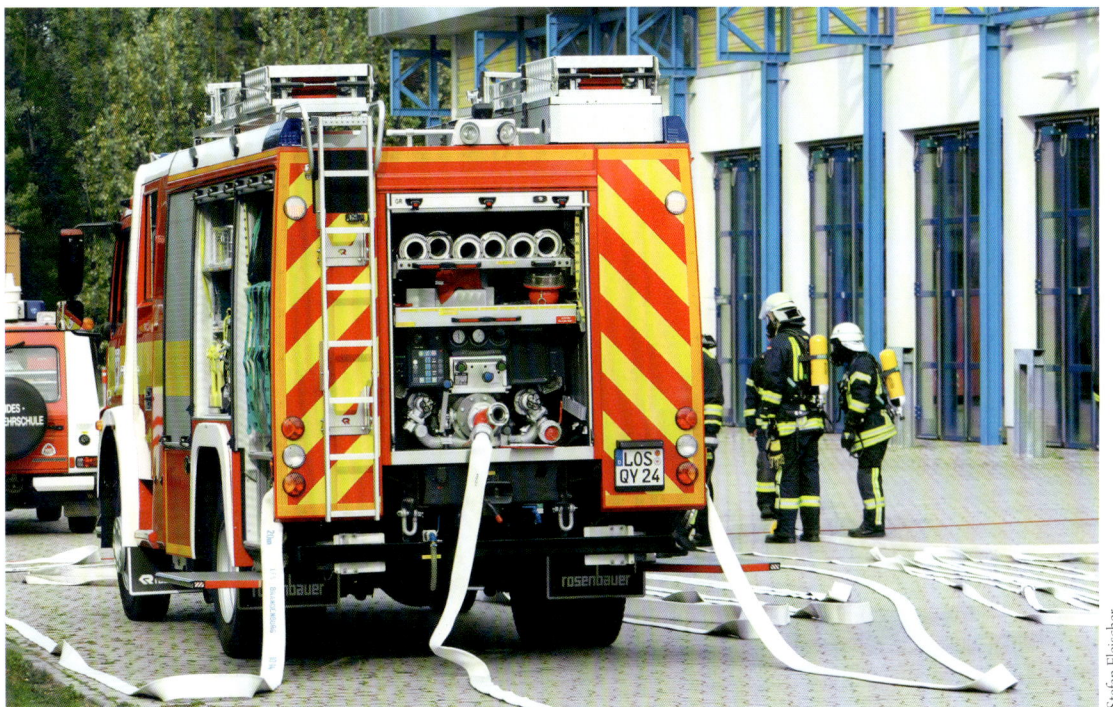

LF 20 KatS der FF Wolfsburg mit QuadraVA Edelstahlaufbau von Schlingmann, Allradantrieb und Einzelbereifung. Die Gitterrostauftritte sind pneumatisch, also mit Druckluft, ausfahrbar. Mindestens 15 B-Druckschläuche in Buchten im Heckgeräteraum gelagert, ermöglichen den schnellen Aufbau einer Wasserversorgung während der Fahrt

Das **LF 20 KatS** ist speziell für den Katastrophenschutz beladen. Der Tank enthält 1.000 l Löschwasser, die Schlingmann Feuerlöschkreiselpumpe S 2000 schafft 2.000 l pro Minute

So wird das Fahrerhaus mit Fahrgestell vom Werk geliefert, in diesem Fall von MAN

Mit feinster handwerklicher Metallverarbeitung baut Schlingmann einen völlig neuen Mannschaftsraum

Vier neue Fensterscheiben für Rundumsicht. Die Einstiegstür ist etwa 1,90 m hoch

Schlingmann

Schlingmann

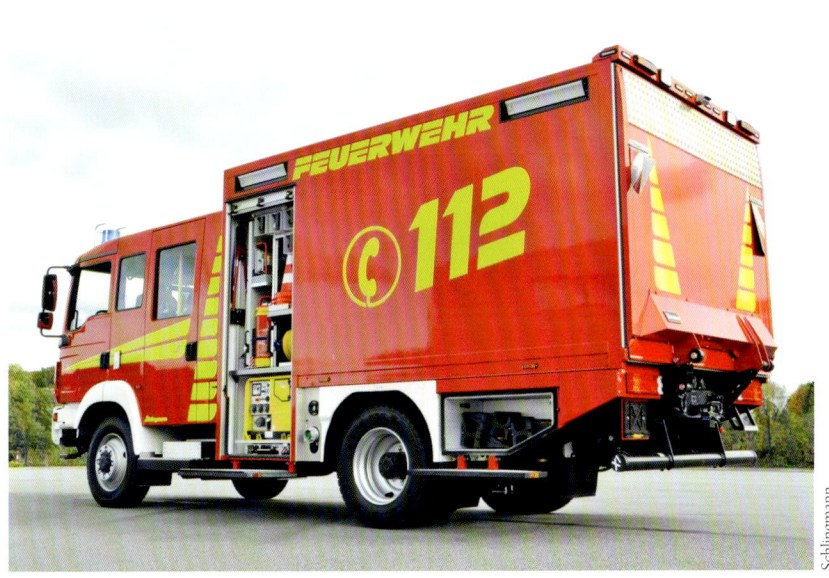

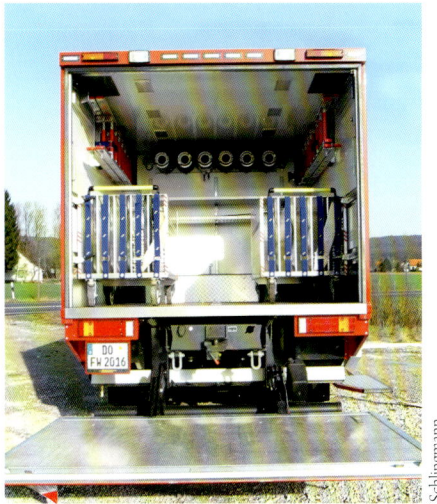

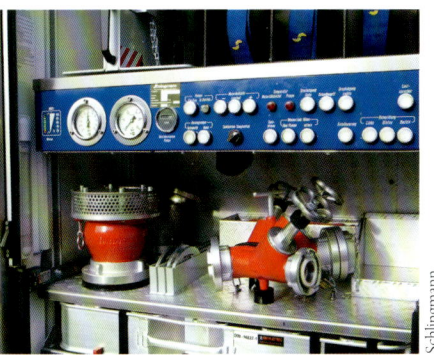

LF Logistik mit universellem Kombinationsfahrzeugaufbau von Schlingmann, Staffel- oder Gruppenkabine, festeingebauter Wassertank, festeingebaute Feuerlöschkreiselpumpe, großer Logistikbereich mit Ladebordwand (1.500 kg)

Schlingmann

Schlingmann

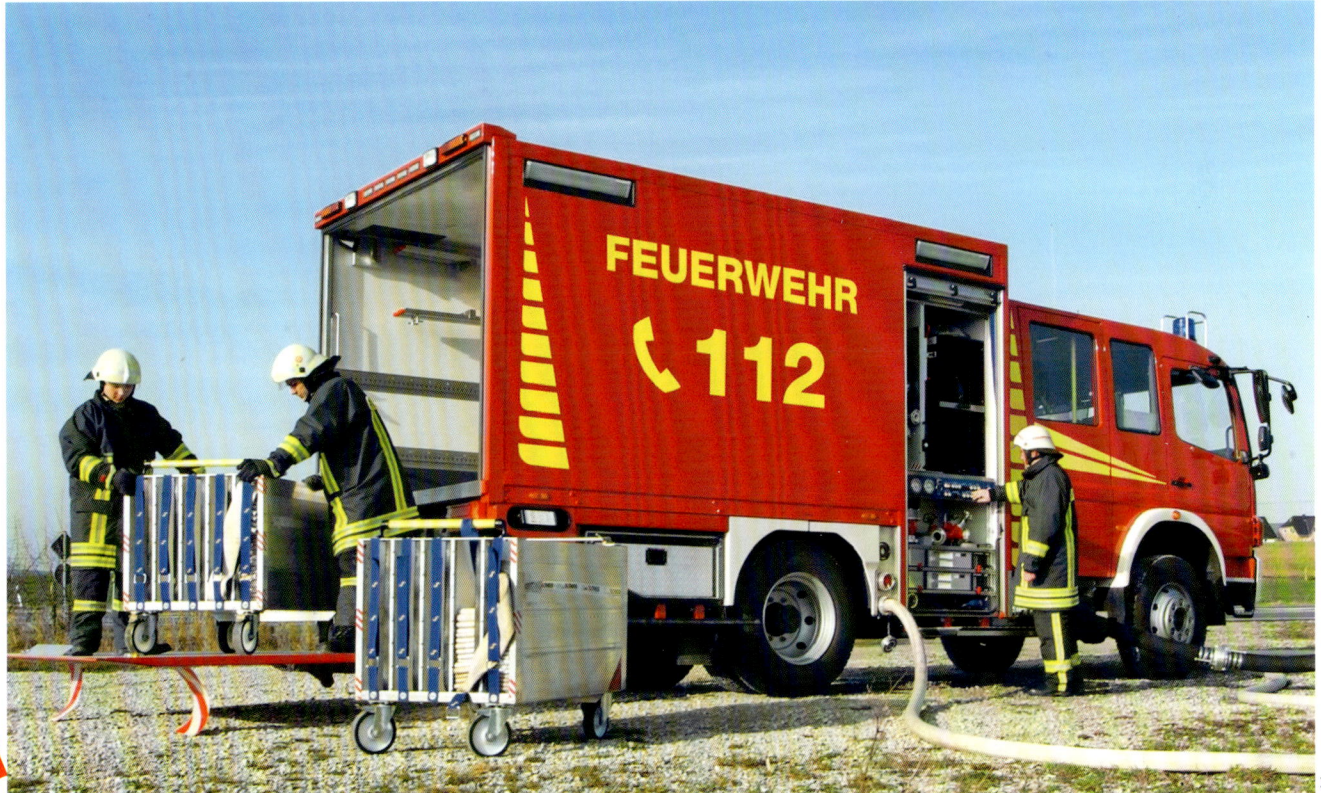

Während am Heck des LF Logistik B-Schläuche in speziellen Rollcontainern entladen werden, macht sich ein Feuerwehrmann am Bedienstand der Pumpe zu schaffen

Das **Hilfeleistungslöschgruppenfahrzeug** kurz **HLF** unterscheidet sich vom LF dadurch, dass es neben der Beladung zur Brandbekämpfung auch Geräte zur erweiterten technischen Hilfeleistung mitführt. So kann das HLF bereits vor dem Eintreffen von Rüst- und Gerätewagen umfangreiche technische Hilfe durchführen. Danach kann es unterstützend eingreifen. Das HLF ist mit einer Gruppe (9 Leute) besetzt. Das HLF 10 (früher 10/6) hat einen Tank für mindestens 1.000 l Löschwasser und die Pumpe FPN 10-1000. Das HLF 20 (früher 20/16) ist mit einem mindestens 1.600 l fassenden Tank ausgestattet und mit einer Pumpe FPN 10-2000. Beladen ist das HLF unter anderem mit Pressluftatmern, Sprungpolster, Hochleistungslüfter, Lichtmast, vierteiliger Steckleiter, dreiteiliger Schiebleiter und hydraulischem Rettungssatz mit Rettungsschere, Spreizer und Rettungszylindern.

HLF 10 mit Aufbau von Schlingmann auf geschweißtem Aluminiumrahmen, der Wassertank ist aus glasfaserverstärktem Kunststoff. Zur Schaumerzeugung ist das HLF 10 mit einer Druckzumischanlage ausgerüstet

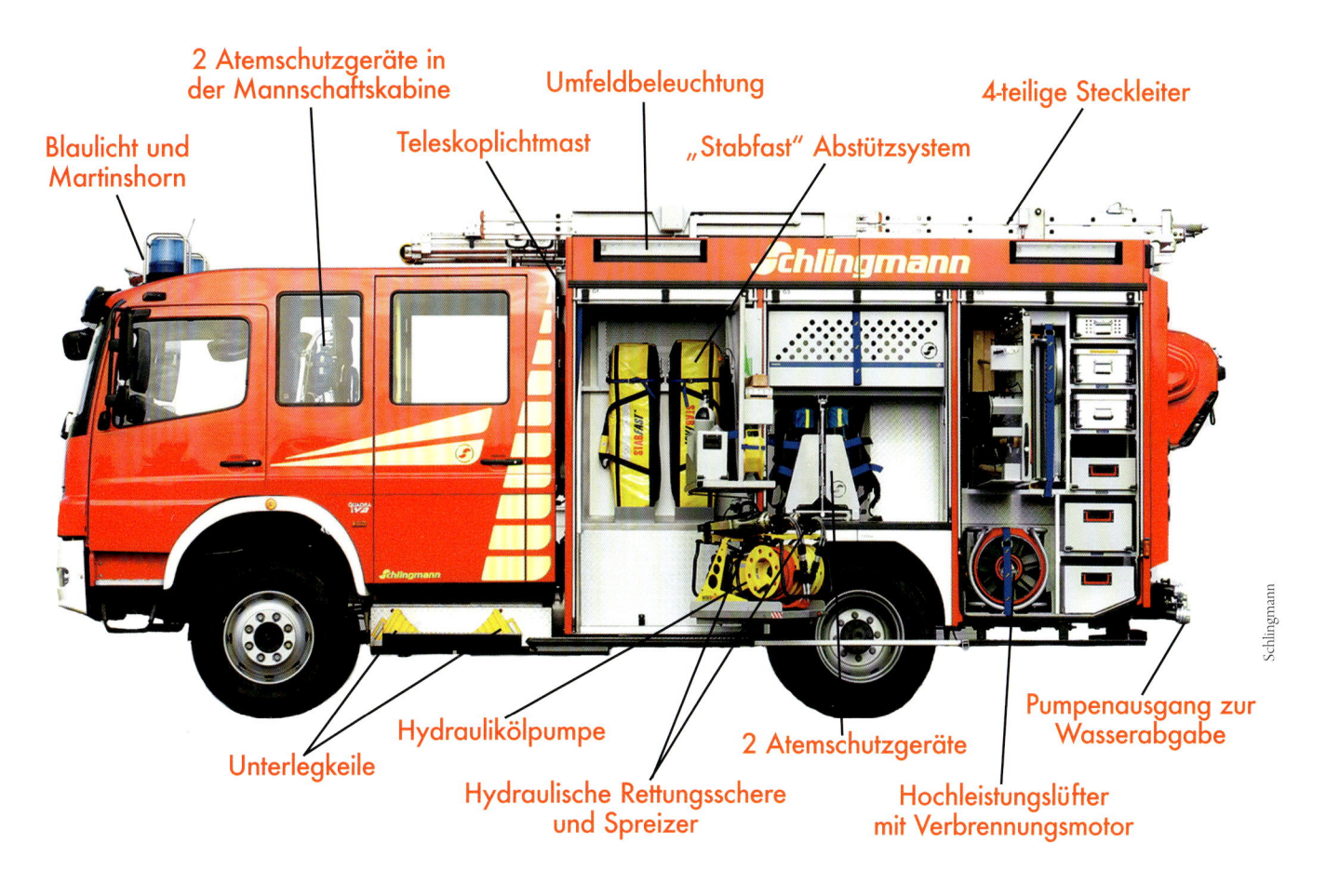

Blaulicht und Martinshorn
2 Atemschutzgeräte in der Mannschaftskabine
Teleskoplichtmast
Umfeldbeleuchtung
„Stabfast" Abstützsystem
4-teilige Steckleiter
Unterlegkeile
Hydraulikölpumpe
Hydraulische Rettungsschere und Spreizer
2 Atemschutzgeräte
Hochleistungslüfter mit Verbrennungsmotor
Pumpenausgang zur Wasserabgabe

HLF 20 von Schlingmann mit Edelstahlaufbau

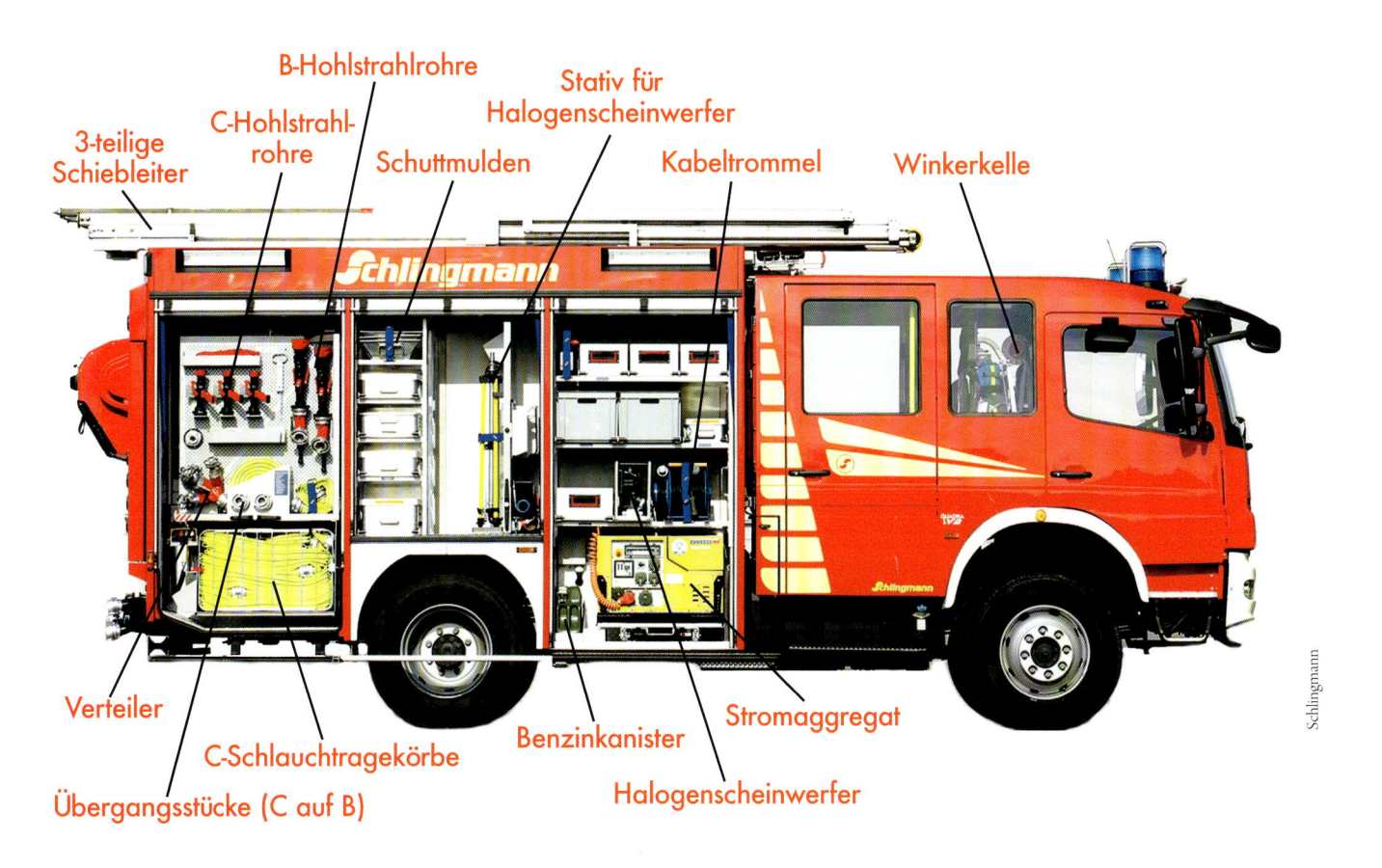

3-teilige Schiebleiter
C-Hohlstrahlrohre
B-Hohlstrahlrohre
Schuttmulden
Stativ für Halogenscheinwerfer
Kabeltrommel
Winkerkelle
Verteiler
C-Schlauchtragekörbe
Übergangsstücke (C auf B)
Benzinkanister
Halogenscheinwerfer
Stromaggregat

Löschfahrzeuge 29

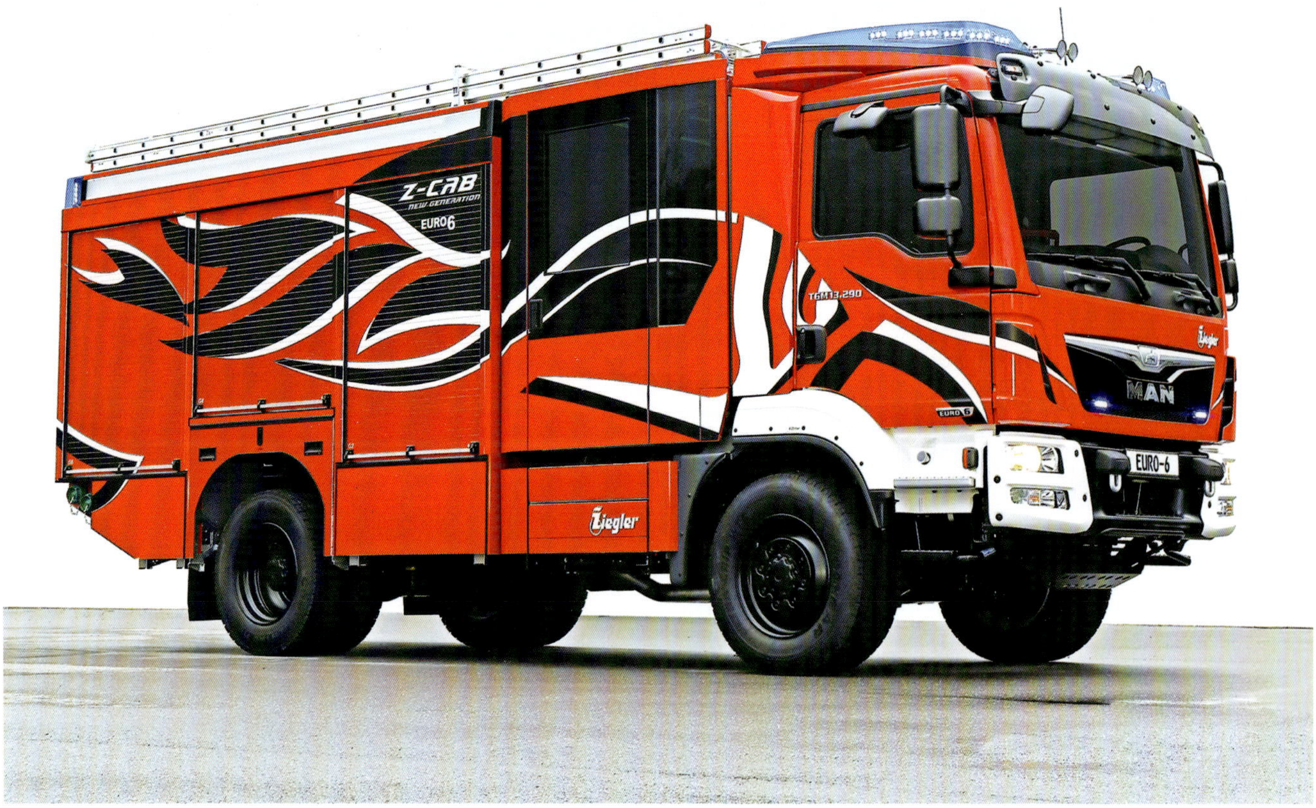

Ziegler

HLF 20 von Ziegler, aufgebaut auf einem MAN TGM 13.290, mit neuer Z-Cab Kabine

Rosenbauer

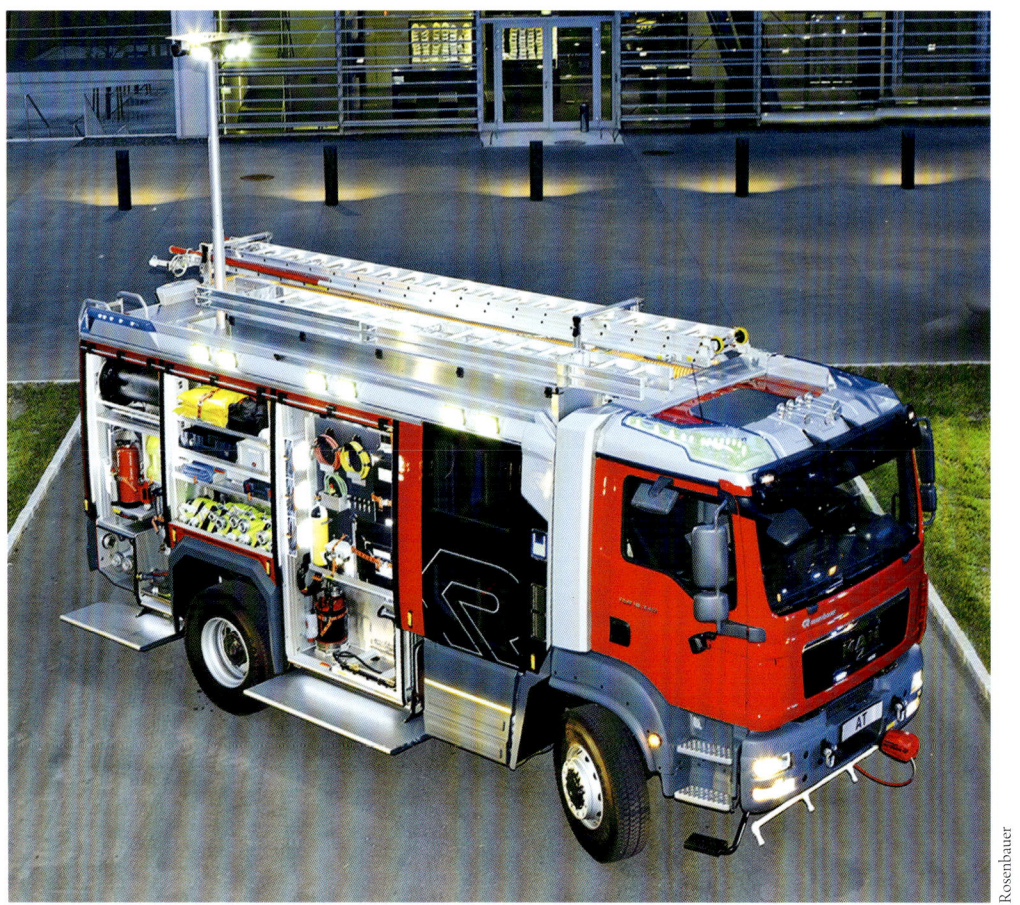

Blick auf die Dachbeladung des HLF 20/16 von Rosenbauer. Die neue Sicherheitsdrehtreppe ermöglicht der Mannschaft einen sicheren und schnellen Ein- und Ausstieg. Der Tank kann bis zu 5.500 l Löschwasser aufnehmen, die Pumpe leistet bis zu 5.500 l in der Minute. Die Wasserversorgung von Pumpe und Tank regelt sich vollautomatisch

Empl

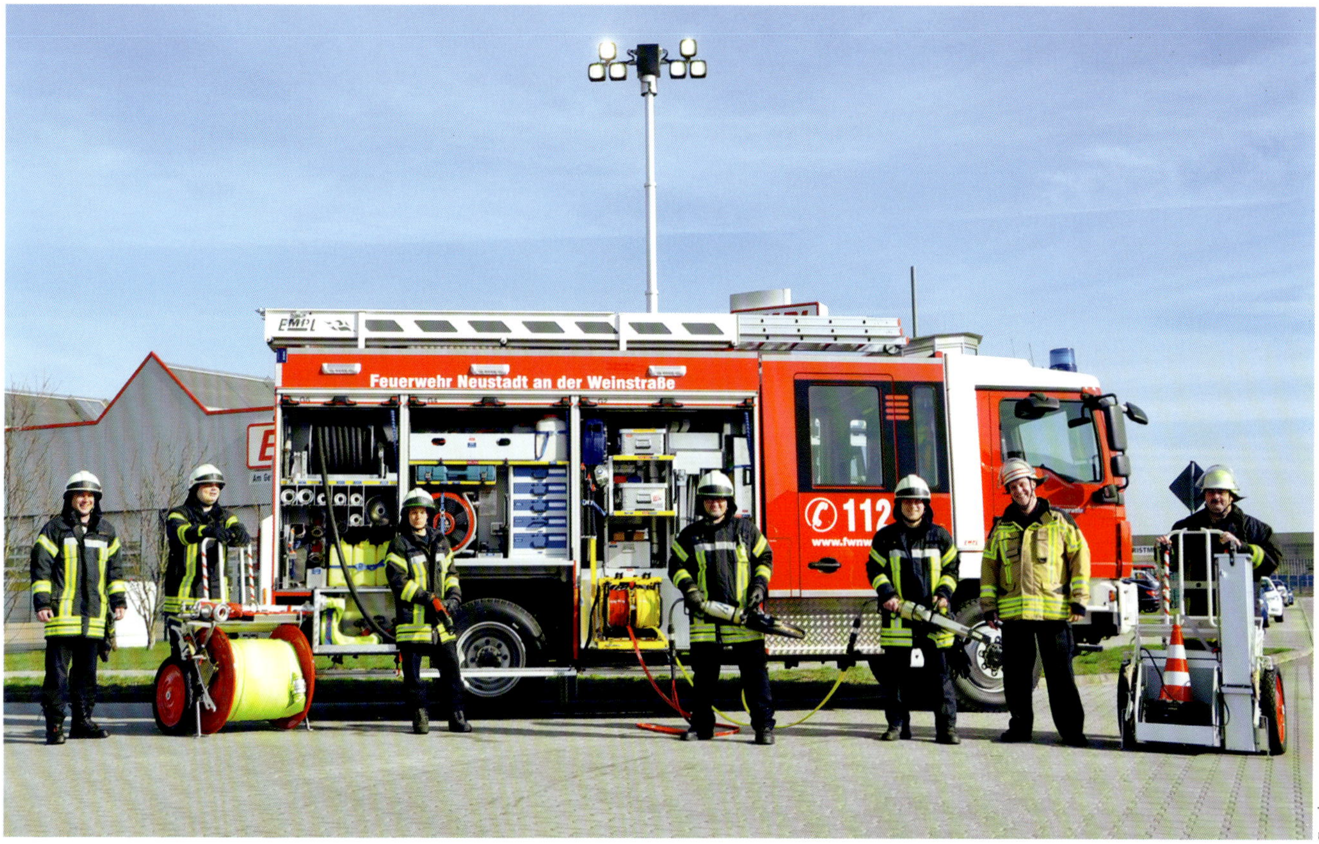

HLF 20/16 von Empl aufgebaut auf MAN TGM. Die Feuerwehrmänner präsentieren von links nach rechts die Schlauchhaspel, die Schnellangriffseinrichtung, die hydraulischen Rettungsgeräte (Schere und Spreizer) und die Verkehrsabsicherungshaspel

Stefan Fleischer

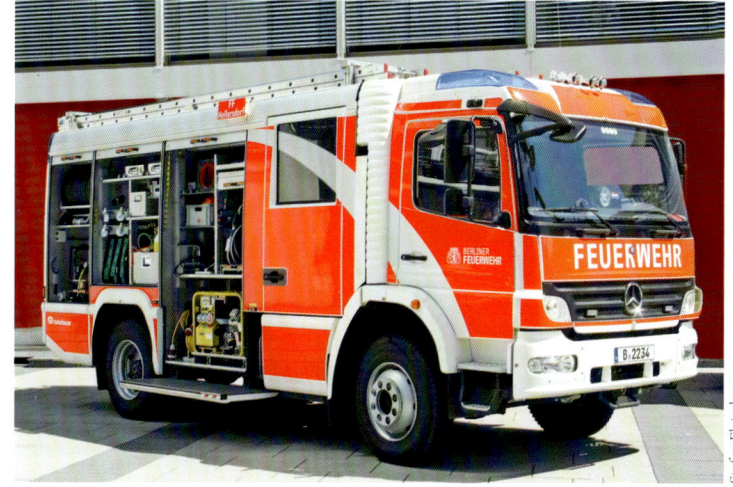

HLF 20/8 der Berliner Feuerwehr, aufgebaut von Rosenbauer auf einen MB Atego 1226, 800 l Löschwasser

Stefan Fleischer

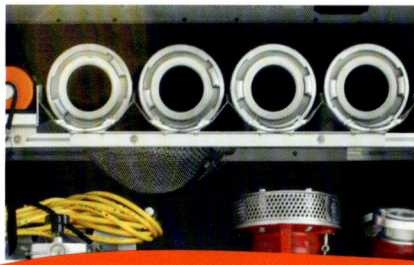

Armaturen zur Wasserentnahme: A-Saugschläuche, Saugkorb und Sammelstück

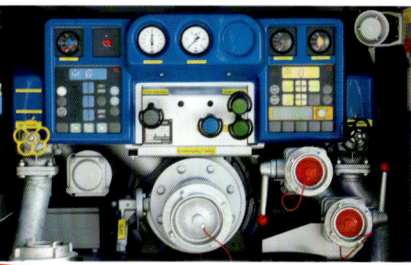

Pumpenbedienstand der Feuerlöschkreiselpumpe FPN

Stromaggregat

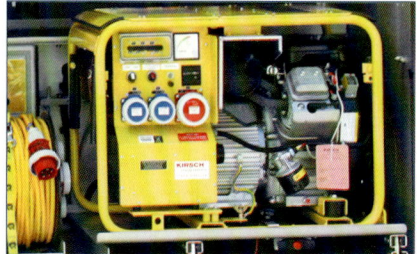

Das Tanklöschfahrzeug kurz TLF

führt hauptsächlich Schnellangriffe mit verschiedenen Löschmitteln durch. Dazu ist es mit einem Löschwassertank und anderen fest eingebauten Löschmittelbehältern ausgerüstet. Außerdem hat das TLF die Aufgabe, Einsatzorte auch über einen längeren Zeitraum oder im Pendelverkehr eine abgelegene Einsatzstelle mit Löschwasser zu versorgen. Die meisten TLF sind mit einem Wasserwerfer auf dem Dach ausgerüstet, mit dem ein massiver und effektiver Löschangriff auch aus sicherer Entfernung durchgeführt werden kann. Heute unterscheidet man zwischen dem TLF 2000, TLF 3000 und TLF 4000. Die Zahlen benennen jeweils das Wassertankvolumen. Davor gab es die Bezeichnungen TLF 8, TLF 8/18, TLF 16/24, TLF 16/25, TLF 20/40 oder TLF 24/50. Diese Fahrzeuge sind noch bei fast allen Feuerwehren im Dienst. Die neuen TLF sind, wie fast alle ihre Vorgänger, mit einem Trupp (3 Leute) besetzt. Das TLF 16/25 hatte dagegen Platz für eine Staffelbesatzung (6 Leute).

TLF 3000 der FF Papenburg, aufgebaut von Schlingmann auf einem MB Atego 1628. Ausgestattet unter anderem mit 3.000 l Löschwassertank, der Schlingmann S2000 Feuerlöschkreiselpumpe FPN 10/2000, die also 2.000 l/min schafft, und einem Dachwasserwerfer. Zusätzlich kann das TLF 3000 mit Schaummitteltank und Druckzumisch-, Druckluftschaum- und Pulverlöschanlagen ausgerüstet werden

Auf ein Unimog U20 Fahrgestell hat Schlingmann dieses **TLF 2000** in Aluminium Modulbauweise aufgebaut. Es ist unter anderem mit Dachwasserwerfer, und Druckzumischanlage zur Schaumerzeugung ausgerüstet

Im hinteren Teil des **TLF 2000** befinden sich der Löschwassertank, die Pumpenanlage und zwei seitliche Geräteräume. Im vorderen Teil des Aufbaus ist Platz für die feuerwehrtechnische Beladung. Dieser vordere Aufbau kann komplett abgenommen werden, um Service oder Reparaturen am Motor und Getriebe durchzuführen

Löschfahrzeuge **33**

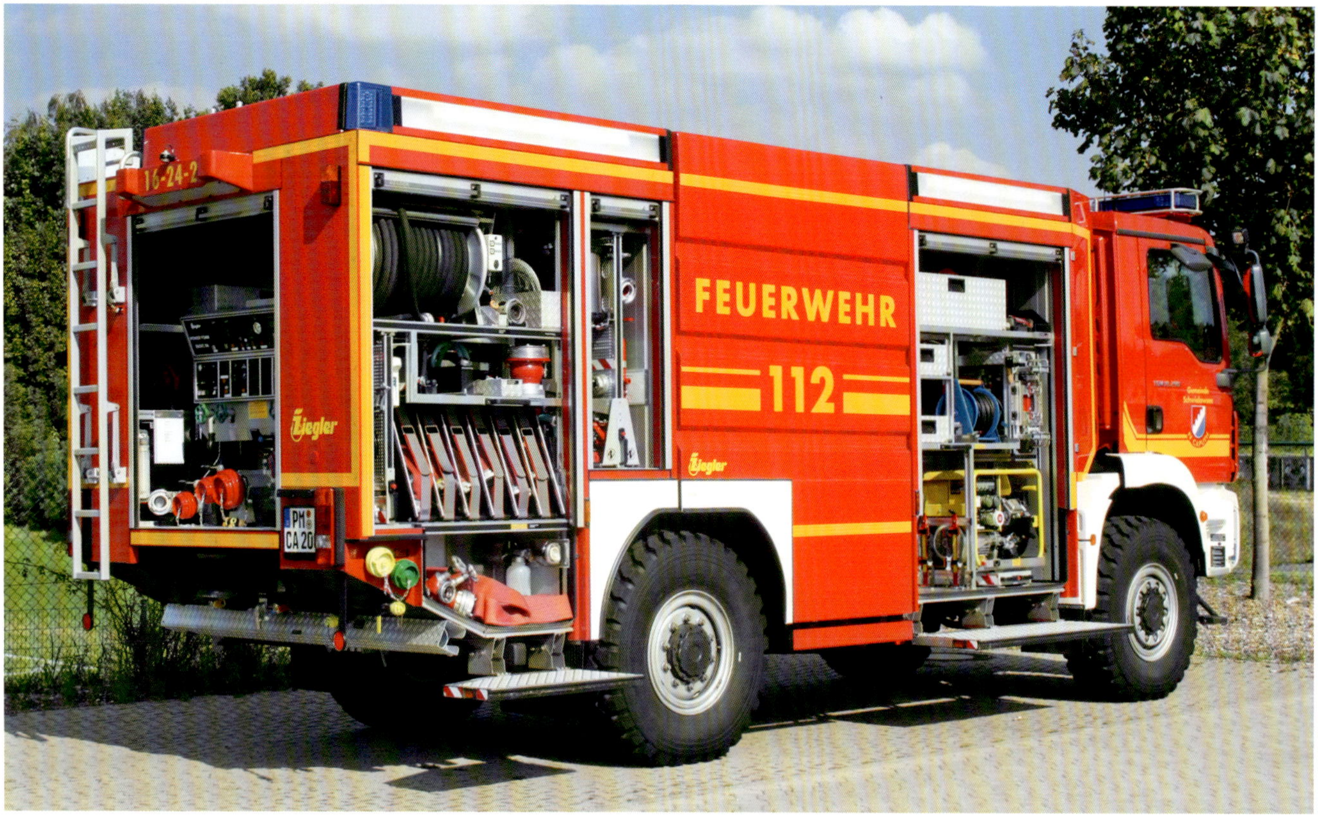

Stefan Fleischer

TLF 20/40-SL (SL = Sonderlöschmittel) der FF Caputh, von Ziegler auf einen MAN TGM 18.290 aufgebaut. 4.940 l Löschwassertank, 500 l Schaummitteltank und 120 l Schaummittel in 6 Kanistern, Feuerlöschkreiselpumpe 2.000 l/min, Schnellangriffseinrichtung mit 50 m Druckschlauch, Motorkettensäge und Tauchpumpe

Stefan Fleischer

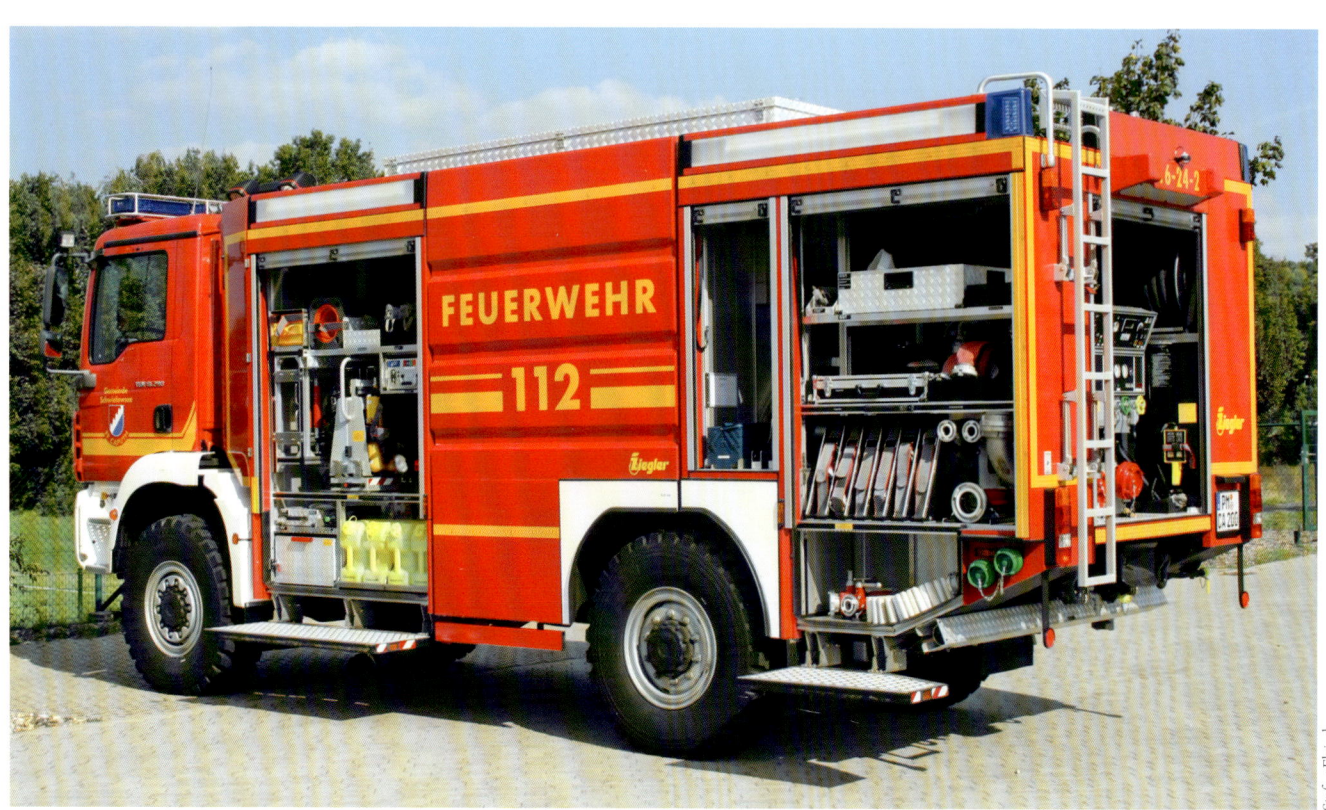

TLF 4000 von Gimaex als Vorführfahrzeug auf einen MAN TGM 18.340 aufgebaut. Der Aufbau, aus Aluminium gefertigt, ist dreigeteilt: Vorne ist das Geräteraummodul, in der Mitte der Wassertank (5.000 l) mit integriertem Schaummitteltank (500 l) und hinten das Pumpenmodul. Pneumatischer Schaum-/Wasserwerfer mit integrierten Xenon-Scheinwerfern, Schnellangriffshaspel

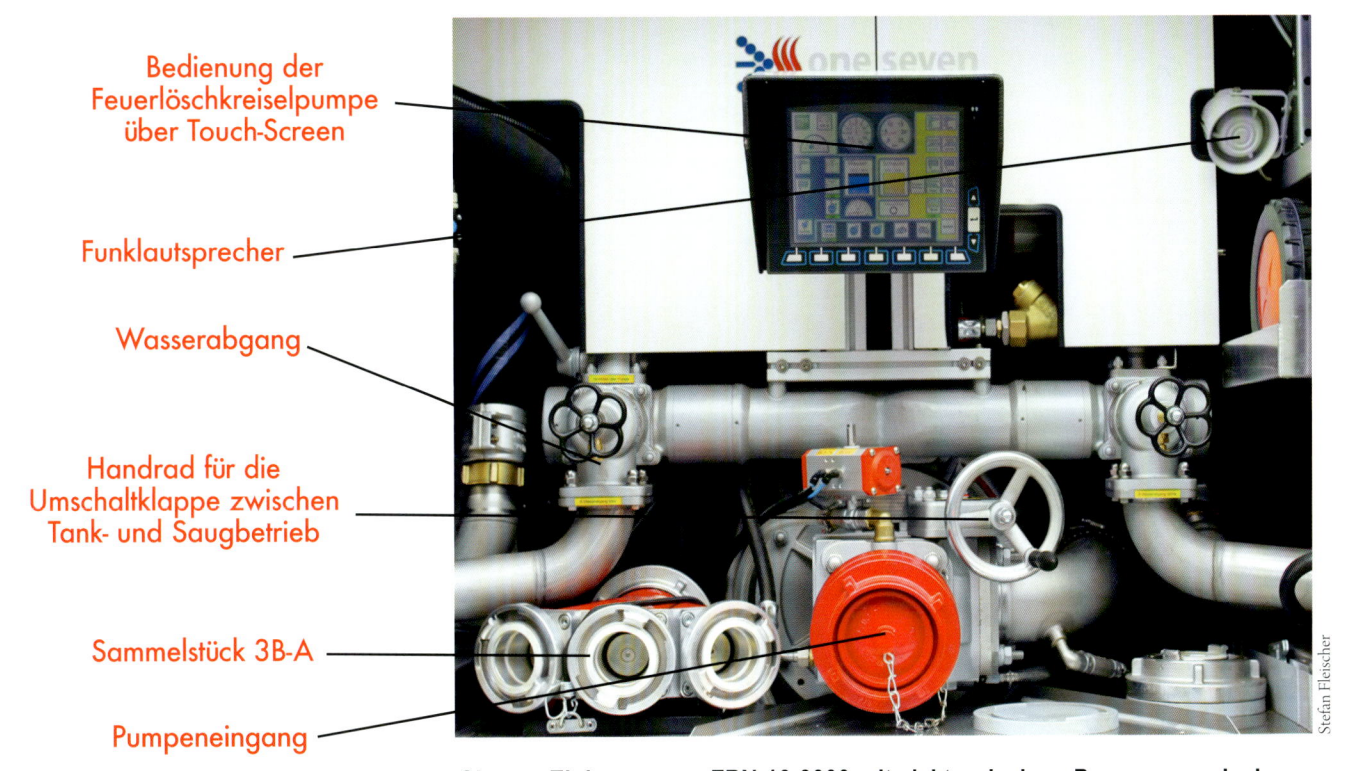

- Bedienung der Feuerlöschkreiselpumpe über Touch-Screen
- Funklautsprecher
- Wasserabgang
- Handrad für die Umschaltklappe zwischen Tank- und Saugbetrieb
- Sammelstück 3B-A
- Pumpeneingang

Gimaex Einbaupumpe FPN 10-3000 mit elektronischem Pumpenvormischer

Löschfahrzeuge 35

Das **Großtanklöschfahrzeug** kurz **GTLF** wird wegen seines großen Wasservorrats immer dann gebraucht, wenn es an Orten brennt, in deren Nähe keine Löschwasserversorgung wie Hydranten, Bäche oder Seen besteht. Solche Orte können Wälder sein oder Autobahnen, aber auch abseits gelegene Häuser und Höfe. Die Werkfeuerwehren großer Industriebetriebe haben meistens ein GTLF zur Bekämpfung von Großbränden und Chemieunfällen in ihrem Fuhrpark.

Der Aufbau dieses **GTLF** von Schlingmann besteht, wie das TLF 4000 von Gimaex, aus drei Modulen: Im vorderen Modul ist die feuerwehrtechnische Beladung untergebracht, im mittleren befinden sich die Tanks für Löschwasser und Schaummittel und hinten die Pumpe mit Armaturen und Druckschläuchen

GTLF der Werkfeuerwehr Miro in Karlsruhe mit 6.500 l Wassertank, Dach- und Vorbaumonitor, aufgebaut von Rosenbauer auf MB Actros 2544 L

RTLF-T Rüst-Tanklöschfahrzeug Tunnel der Hauptfeuerwache Villach, aufgebaut von Lentner auf einen dreiachsigen MAN 28.540 TGS. Das RTLF-T kann als ganz normales TLF eingesetzt werden, aber auch bei Unfällen und Bränden in Tunneln. Dazu ist es unter anderem ausgerüstet mit 7 Pressluftatmern, alle in die Sitze eingebaut, hydraulischem Rettungsgerät für schwierige Menschenrettungen, automatisch schließenden Fenstern, automatischer Umstellung der Kabinenbelüftung, Abgasführung über das Dach, Plasmaschneidegerät und einer Rettungsplattform für Lkw-Unfälle. Der 6.500 l Wassertank und der 300 l Schaummitteltank lagern über den Hinterachsen

Sonderlöschfahrzeuge

Das Flugfeldlöschfahrzeug kurz FLF

soll bei Bränden, Unfällen oder Katastrophen auf Flugfeldern innerhalb von drei Minuten zur Stelle sein. Deshalb ist das FLF schneller und geländegängiger als alle anderen Feuerwehrfahrzeuge. Mit Höchstgeschwindigkeiten von bis zu 160 km/h ist das FLF der schnellste Lkw überhaupt. Bis zu 19.000 l Löschwasser sowie Schaummittel und Pulver sind an Bord. Front- und Dachmonitore mit enormer Wurfweite sorgen für das Ausbringen der Löschmittel. Damit bereits während der Fahrt der Löschangriff starten kann, haben die Pumpen einen eigenen Antrieb. So sind sie vom Fahrzeugmotor unabhängig. Zum Eigenschutz sind die FLF oft mit Bodensprühdüsen ausgestattet.

Allradgetriebene FLF „Dragon" von Iveco Magirus mit Dach- und Frontmonitor für Wasser und Schaum. Die Feuerlöschpumpe leistet bis zu 10.000 l/min. Die Kabine hat automatische Flügeltüren, Selbstschutzdüsen und Platz für 5 Feuerwehrleute. Bodensprühdüsen an allen Rädern und an der Front

Das dreiachsige FLF DragonX6 ist mit 12.500 l Wasser, 1.500 l Schaum und 250 oder 500 kg Trockenpulver ausgerüstet

Das vierachsige FLF SuperdragonX8 hat 17.000 l Wasser, 2.100 l Schaum und 250 oder 500 kg Trockenpulver dabei

Dreiachsiges, allradgetriebenes FLF „Panther" von Rosenbauer in voller Aktion. Die Wasserwerfer können mit einem Joystick vom Fahrerhaus aus bedient werden. Am Boden sieht man die Wirkung der Selbstschutzsprühdüsen, damit kann der Panther über brennende Flächen fahren. Besatzung: Eine Staffel (6 Leute). Die 6 Feuerwehrleute können innerhalb von 10 Sekunden ein- oder aussteigen. Die Tanks fassen 12.500 l Löschwasser, 1.500 l Schaummittel und 225 kg Löschpulver

Zwei vierachsige und ein dreiachsiger Panther posieren für den Fotografen

Der vierachsige Panther (links) ist mit einem Löschteleskopgelenkarm ausgerüstet. Der kann bis zu 16,5 m Arbeitshöhe erreichen, hat eine Düse für Wasser, Schaum und Pulver sowie eine Farb- und eine Wärmebildkamera. Außerdem hat der Gelenkarm eine Löschlanze, die durch die Flugzeugwand stechen und Brände im Flugzeuginneren löscht

Sonderlöschfahrzeuge 39

Vierachsiges Ziegler Z8 FLF, Besatzung 4 Leute. Die Feuerlöschkreiselpumpe FPN 10-10000 wird von einem Deutz V-6-Zylindermotor mit 480 PS angetrieben. An Bord sind 12.500 l Wasser, 800 l Schaummittel und 500 kg Pulver. Der Werfer des Teleskopgelenkarms schafft 5.680 l/min, der Frontwerfer 4.000 l/min

FLF von Schlingmann auf einen dreiachsigen MB Actros 3361 aufgebaut für die Werkfeuerwehr Airbus Finkenwerder, Feuerlöschkreiselpumpe S 6000 mit eigenem Motor, 10.000 l Wassertank, 1.000 l Schaummitteltank und 500 kg Pulverlöschanlage

Ein Abrollbehälter (AB) von Rosenbauer zur Brandbekämpfung für den Flughafen Köln Bonn. Das Trägerfahrzeug ist ein MAN TGS 33.400

Der AB ist dreigeteilt: Vorne befindet sich der Geräteraum mit Schläuchen, in der Mitte das Tankmodul und hinten die Feuerlöschkreiselpumpe

Der Tank fasst 8.000 l Wasser und 1.000 l Schaummittel, die FPN 10-4000 wird pneumatisch über das LCS Pumpenbedienfeld gesteuert

Das Universallöschfahrzeug kurz ULF

gehört neben den Hubrettungsfahrzeugen zu den Highlights der Feuerwehren. Meist auf schwere Lkw aufgebaut, führen sie große Mengen Löschwasser, Schaummittel und Löschpulver zur Brandbekämpfung mit. Außerdem sind sie in der Regel für die Hilfeleistung bei Unfällen ausgerüstet. Mit hydraulisch angetriebenen Rettungsscheren und Spreizern werden zum Beispiel eingeklemmte Personen befreit. Dritter Einsatzzweck des ULF ist die Hilfe bei Schadstoffunfällen. Dafür stehen der Besatzung Chemieschutzanzüge zur Verfügung. Besetzt ist das ULF unterschiedlich, das hängt von der Kabinenbauart ab.

ULF von Empl auf einem dreiachsigen MAN TGS 26.440 für die Securitas Werkfeuerwehr Bitterfeld. An dem 25 m Gelenklöscharm ist eine hydraulische Winde montiert, damit der Arm auch als Kran genutzt werden kann. Ein Haken an der Mastspitze ermöglicht die Anbringung eines Arbeitskorbs. Der Löscharm und der 4.000 l Wasser-/Schaumwerfer am Löscharm werden über Funk-Fernbedienung gesteuert. Herzstück des ULF ist die Empl Feuerlöschpumpe NP 6000 S FPN 10-6000

ULF
der Werkfeuerwehr Shell in Köln-Godorf, aufgebaut von Rosenbauer auf MB Econic 2633. 2.000 l Löschwasser, 1.000 l Schaummittel, 500 kg Pulver, 180 kg Kohlenstoffdioxid

ULF
von Rosenbauer auf MAN TGM 18.340 aufgebaut für die Werkfeuerwehr Sasol Brunsbüttel. An Bord sind 2.400 l Löschwasser, 400 l Schaummittel und 250 kg Löschpulver

ZLF
der Werkfeuerwehr Wacker Chemie in Burghausen. Dieses Zumischerlöschfahrzeug erstellte Rosenbauer auf einem MB Econic 2633. Das ZLF führt 2.000 l Wasser und 5.600 l Schaummittel mit. Eingebaut sind eine FPN 10-10000 und eine Hydromatic-Zumischanlage

Sonderlöschfahrzeuge

Hubrettungsfahrzeuge

Die Drehleiter kurz DL

gehört zu den beliebtesten Feuerwehrfahrzeugen. Wenn sie mit Blaulicht und Martinshorn zum Einsatz rast, bleiben Jung und Alt stehen und schauen ihr fasziniert nach. Noch spannender wird es, wenn die Leiter ausfährt, um in hoch gelegenen Stockwerken Menschen zu retten oder Brände zu löschen. Die DL gibt es heute fast nur noch mit Rettungskorb. Außerdem hat sich die Vollautomatik durchgesetzt, bei der alle Bewegungen wie Heben/Senken, Einfahren/Ausfahren und Drehen gleichzeitig ausgeführt werden können. Deshalb ist die neue Bezeichnung DLA (K), wobei das A für Automatik und das K für Korb stehen. Die Leiter ist auf dem Untergestell so montiert, dass sie in alle Richtungen schwenken kann. Gesteuert wird die Leiter von dem Hauptsteuerstand auf dem Drehkranz oder vom Rettungskorb aus. Die Besatzung der DL ist ein Trupp (3 Leute). Ein wichtiges Teil der Beladung ist der Schlauch, der dafür sorgt, dass vom Rettungskorb aus mit dem Wasserwerfer, dem sogenannten Wenderohr, gelöscht werden kann. Neben den zwei Hauptaufgaben Menschenrettung und Brandbekämpfung kann die DL auch zum Sichern von in Höhe angeseilten Feuerwehrleuten und als Kran bei der technischen Hilfeleistung bedingt eingesetzt werden.

DLA (K) 23/12 GL-T der Feuerwehr Straßburg, aufgebaut von Magirus auf MB Econic 1829. Die 23/12 bedeutet, dass die DL bei minimaler Abstützung 23 m Rettungshöhe bei 12 m Ausladung (Abstand zum Gebäude) erreichen muss. Bei kleinerem Abstand beziehungsweise steiler aufgestellter Leiter ist die Rettungshöhe natürlich größer. Die Leiterlänge einer DLK 23/12 beträgt 30 m. Die meisten Feuerwehren haben eine 23/12, es gibt auch kleinere: 12/9 und 18/12. Größere sind bei Werkfeuerwehren stationiert

DLK von Metz Rosenbauer (L32A-XS) auf MB Atego 1529 aufgebaut. Der Rettungskorb mit 450 kg Nutzlast kann 4 Personen tragen, 32 m maximale Arbeitshöhe. Ein Wasserwerfer ist manuell vom Korb aus bedienbar, ein weiterer kann vom Korb und vom Hauptbedienstand ferngesteuert werden. Beide schaffen jeweils 2.000 l/min. Weitere Ausstattung unter anderem: Farbdisplays im Fahrerhaus und am Bedienstand, tragbarer Stromerzeuger, Krankentrage

Mit dem Gelenkteil des Leiterparks können auch schwer erreichbare Stellen, zum Beispiel auf einem Dach, angesteuert werden

DLA (K) 23/12 mit Gelenkleiter (GL) und Vario-Abstützung der Bundeswehrfeuerwehr des Marinestützpunktkommandos Wilhelmshaven, aufgebaut von Magirus auf Iveco FF 160 E 30. Der Rettungskorb trägt 400 kg. Auszug aus der Beladung: Stromanschlüsse am Korb, Wärme- und Realbildkamera, Selbstschutzsprühdüsen an der Korbunterseite, Krankentragenhalterung, Stromerzeuger, Überdrucklüfter, 3 Atemschutzgeräte, Motorkettensäge, 6 kg ABC-Feuerlöscher, Sanitätsmaterial

DLK 23/12 von Magirus auf einen Volvo FM 320 aufgebaut für die FF Neustift im Stubaital, der Rettungskorb hat 400 kg Nutzlast

Die **Hubarbeitsbühne** kurz **HAB**

ist wie die Drehleiter ein Hubrettungsfahrzeug. Der Rettungskorb, beziehungsweise die Arbeitsbühne, wird aber nicht mit einer Drehleiter ausgeschoben, sondern mit einem Teleskop- oder Gelenkmast. Dadurch werden Arbeitshöhen von mehr als 100 m erreicht. Hinzu kommt, dass der Teleskopmast TM stabiler und mit seinen abknickbaren Gelenkteilen wendiger ist als die Drehleiter. Damit ist er geeignet, Menschen aus schwer zugänglichen Lagen zu retten. In engen Innenstadtbereichen ist die HAB jedoch wegen der benötigten großen Aufstellfläche nicht so gut geeignet wie eine DL. Außer zur Menschenrettung wird die HAB zur Brandbekämpfung eingesetzt. Dafür ist die Arbeitsbühne mit einem fernbedienbaren Wasser-/Schaumwerfer ausgerüstet. Die Wasserleitung ist fest im Teleskopmast eingearbeitet. Besetzt ist die HAB in der Regel mit einem Trupp (2 oder 3 Leute).

HAB B42 von Metz Aerials mit 42 m Arbeitshöhe, aufgebaut auf einen 400 PS starken Scania. Der vierteilige Teleskopmast hat einen angehängten Korbarm. Die Korblast beträgt 600 kg. Zur Ausrüstung gehören unter anderem die Rosenbauerpumpe N55, ein Schaumzumischsystem, Xenonscheinwerfer und Wärme- und Normalbildkamera. Die Bilder werden drahtlos zum ELW übertragen

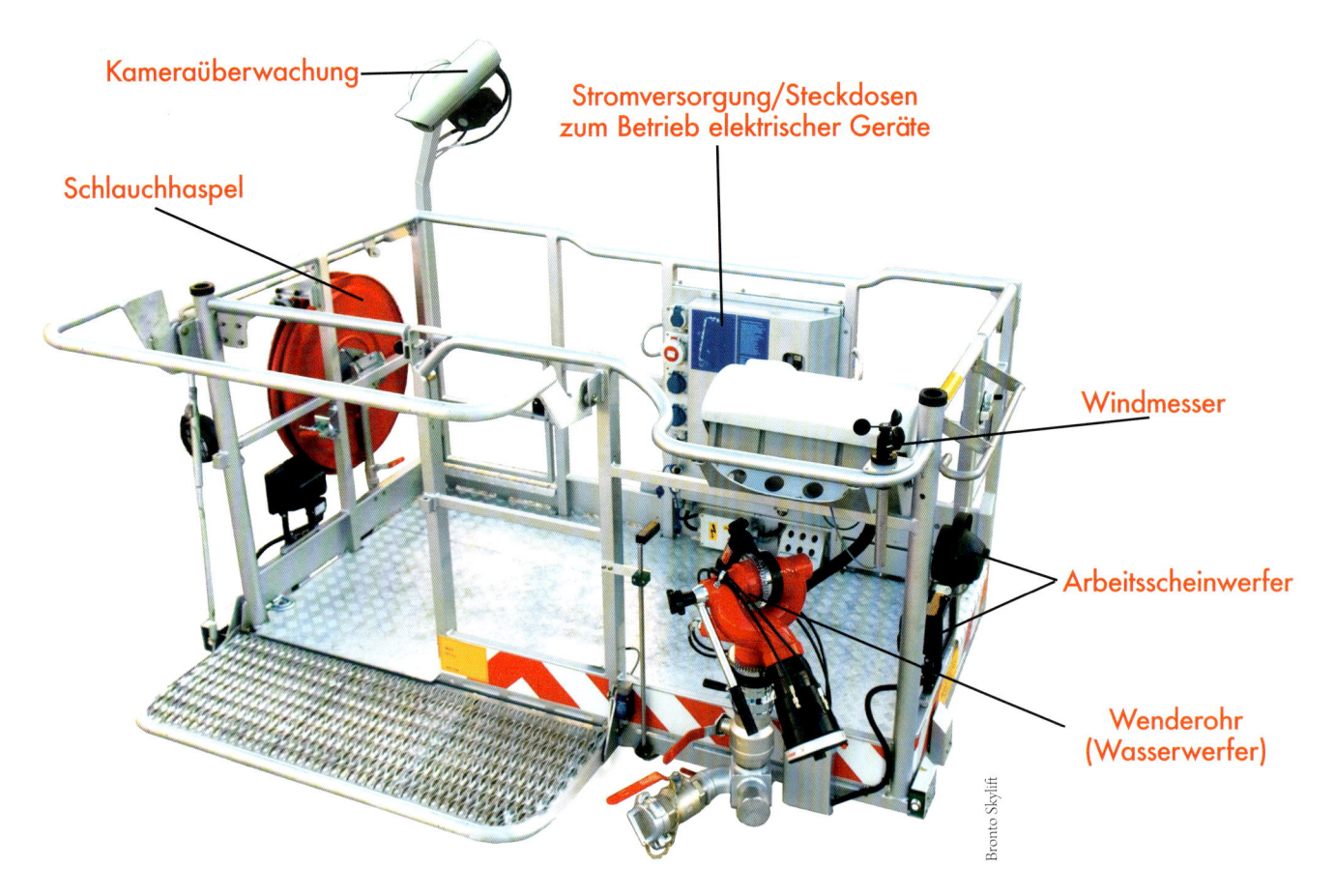

Kameraüberwachung
Schlauchhaspel
Stromversorgung/Steckdosen zum Betrieb elektrischer Geräte
Windmesser
Arbeitsscheinwerfer
Wenderohr (Wasserwerfer)

Rettungskorb der HLA Reihe von Bronto Skylift

Wegen der Arbeitshöhe der HLA Reihe von bis zu 112 m und wegen der enormen Ausladung können Brände von oben angegriffen werden

Die **HAB** „Magirus Multistar 2" auf Magirus EuroCargo 180 E 30. Die Kabine kann für 3, 5, oder 9 Leute geliefert werden und 7 Atemschutzgeräte aufnehmen. Rettungshöhe: 29 m, Arbeitshöhe: 31 m. Seitliche Ausladung: 16,5 m, dabei können 500 kg gehoben werden

HAB von Bronto Skylift auf einem MAN TGS 35.480 der Werkfeuerwehr InfraServ Wiesbaden, Rettungshöhe 52 m, Ausladung bis zu 29 m, Korblast 500 kg für 5 bis 6 Personen

Die **HAB** zeigt ihre starke Abstützung. Ein TLF sorgt für Nachschub. Ein Feuerwehrmann sitzt links auf dem Drehgestell auf dem Hauptsteuerstand

Hubrettungsfahrzeuge 49

Rüst- und Gerätefahrzeuge

Der Vorausrüstwagen kurz VRW

ist wendiger und schneller als die größeren Rüstwagen. Deshalb ist er vorrangig zuständig für den Erstangriff bei Verkehrsunfällen mit eingeklemmten Personen und sonstigen technischen Hilfeleistungen. Der VRW hat unter anderem Kleinlöschgeräte an Bord, hydraulisches Rettungsgerät, einen Generator und Beleuchtungs- und Verkehrsabsicherungsgeräte.

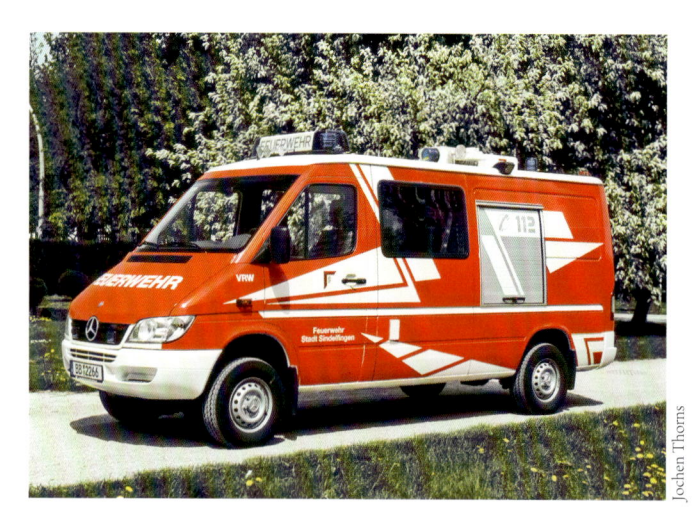

VRW der Feuerwehr Sindelfingen, aufgebaut von Barth auf einem MB Sprinter 316 CDI Allrad. Hochdrucklöschanlage, 2 Pressluftatmer, Lichtmast, Generator

VRW auf einem VW Crafter 50 TDI Allrad, aufgebaut von Furtner & Ammer. Rosenbauer Löschanlage, Schneidgerät, Spreizer, Generator

VRW der Feuerwehr Geislingen, aufgebaut von Hensel auf einen allradgetriebenen MB G 280 CDI Professional

Der **Rüstwagen** kurz **RW**

ist ein Feuerwehrfahrzeug zur technischen Hilfeleistung. Das heißt, er wird bei Verkehrs- und Gefahrstoffunfällen eingesetzt und soll immer dann zur Stelle sein, wenn bei Feuerwehreinsätzen technische Probleme aller Art gelöst werden müssen. Damit der RW auch in unwegsamen Gegenden vorankommt, hat er Allradantrieb. Der RW ist mit Seilwinde, Lichtmast und Generator ausgerüstet und führt eine Menge Gerätschaften mit wie Trennschneidgerät, hydraulische Rettungsgeräte, pneumatische Hebesätze, Beleuchtungs- und Signalgeräte, Kettensäge, Zangen, Hämmer, Äxte, Brechstangen, Schleifkorbtrage und Feuerlöscher. Allein zur Standardbeladung gehören 308 Teile. Damit bei Einsätzen alles schnell zur Hand ist, ist der RW in rund 10 Geräteräume mit vielen Schubladen und Auszügen unterteilt. Darin sind die zueinandergehörenden Geräte logisch beieinander gelagert. Die Besatzung ist ein Trupp (2 oder 3 Leute).

Der Lichtmast des RW wird von einem fest eingebauten Generator gespeist

Hier sind der RW und seine Mannschaft in ihrem Element: Technische Hilfeleistung bei einem Verkehrsunfall. Aufbau Schlingmann, am Heck ein Palfinger Kran, der 6.200 kg heben kann

RW der Feuerwehr Schwalbach, Aufbau Schlingmann auf MB Atego 1529. Die Entnahme der Dachbeladung, z. B. ein Mehrzweckboot, ist mit speziellen Geräten vom Boden aus möglich

Der Gerätewagen kurz GW

ist wie der Rüstwagen für die technische Hilfeleistung zuständig, aber er hat eine hoch spezialisierte Ausrüstung geladen. Die Ausrüstung ist immer für einen speziellen Einsatzzweck oder zum Nachschub bestimmt. So gibt es den GW Gefahrgut, Logistik, Messtechnik, Höhenrettung, Wasserrettung, Taucher, Atem- und Strahlenschutz, Licht, Tierrettung und andere. Besetzt ist der GW mit einem Trupp (2 oder 3 Leute) oder mit einer Staffel (6 Leute).

GW-Gefahrgut der Feuerwehr des Landkreises Osnabrück, aufgebaut von Schlingmann. Vier Geräteräume je Fahrzeugseite und Laderaum im Heck für Geräte unter anderem zum Abdichten, Auffangen und Umfüllen bei Unfällen mit gefährlichen Stoffen und Gütern

52 Rüst- und Gerätefahrzeuge

GW-Atemschutz der Feuerwehr Esslingen, aufgebaut von Barth in Zusammenarbeit mit Brandschutztechnik Görlitz auf einen MAN LE 9.220 mit Automatikgetriebe.

GW-Umweltschutz der BF Bremerhaven, aufgebaut von Walser auf einen MAN TGM 15.290. Die Beladung ist in Rollcontainern untergebracht, deren Inhalte farblich gekennzeichnet sind. Beidseitig am Aufbau ist eine Wetterschutzmarkise

GW-Logistik von Schlingmann mit Doppelkabine. Der Geräteraum vorn im Aufbau ist durchgängig. Der Laderaum im hinteren Teil des Aufbaus ist über die Ladebordwand zugänglich

Rüst- und Gerätefahrzeuge

Der Feuerwehrkran kurz FwK

ist ein Autokran, der speziell für Feuerwehraufgaben ausgerüstet ist. Er unterstützt die Rüst- und Gerätewagen bei ihren Einsätzen zur technischen Hilfeleistung. Dort wird er gebraucht zum Anheben und Bergen schwerer Lasten wie umgekippte Lkw, Waggons oder anderer Hindernisse, zum Beispiel nach Sturmschäden. Die meisten FwK sind am Heck mit einer Seilwinde und einer Abschleppvorrichtung ausgestattet. Einige FwK führen einen Rettungskorb mit, der eingehängt werden kann. Bei kleinen und mittleren Feuerwehren findet man den FwK wegen geringer Einsatzzahlen und hoher Anschaffungskosten nicht. Vielerorts wird bei Bedarf auf Autokrane von ortsansässigen Firmen zurückgegriffen. Normalerweise soll ein FwK in Deutschland an jedem Einsatzort innerhalb von 15 Minuten zur Verfügung sein. Die Besatzung ist ein Trupp (2 oder 3 Leute).

FwK des Technischen Dienstes der Berufsfeuerwehr Berlin, Liebherr LTM 1050-3.1, 50 t maximale Hublast, 54 m maximale Hubhöhe, 44 m maximale Ausladung

FwK der Feuerwehr Hamburg, ein Liebherr LTM 1060/2 mit 60 t maximaler Hublast. Der Ausleger ist teleskopierbar von 10,9 m bis 42,0 m Länge. Die maximale Hubhöhe beträgt 62 m

Wechselladerfahrzeuge

Das Wechselladerfahrzeug kurz WLF

transportiert Abrollbehälter (AB) zu den Einsatzstellen. Dazu ist das WLF mit einer Wechselladereinrichtung mit Hakensystem ausgerüstet. Die Abrollbehälter haben jeweils eine spezielle feuerwehrtechnische Beladung. Auf den Seiten 15 und 41 dieses Buches sind die Abrollbehälter Einsatzleitung und Flugzeugbrandbekämpfung abgebildet. Weitere Abrollbehälter sind zum Beispiel Atemschutz, Gefahrgut, Rüstmaterial, Strahlenschutz, Umweltschutz und viele andere. Das WLF ist bei mittleren und größeren Feuerwehren beliebt für Nachschub- und Sonderzwecke. Besatzung: ein Trupp (2 oder 3 Leute) oder eine Staffel (6 Leute).

WLF der Feuerwehr Ulm auf Basis eines Iveco Stralis mit AB-HFS Hytrans Fire System. Das ist ein Hochleistungspumpensystem zur Wasserförderung. Der AB hat einen Schlauchcontainer und ein extra absetzbares hydraulisches Pumpenaggregat. Leistung der schwimmfähigen Pumpe maximal 8.000 l/min (1.800 m F-Schlauch mit 150 mm Durchmesser)

AB-HWS Abrollbehälter Hochwasserschutz der Feuerwehr Bad Homburg

Rettungsdienstfahrzeuge

Der Rettungswagen kurz RTW

ist normalerweise aufgebaut auf Transport- und Lieferwagen wie MB Sprinter oder VW Crafter. Ausnahme: Der Schwerlast RTW (S-RTW), der für den Transport übergewichtiger Personen zuständig ist, hat einen Lkw als Basis. Der RTW hat die Aufgabe, Notfallpatienten vor und während des Transports in ein Krankenhaus zu versorgen. Besetzt ist er mit einem Rettungssanitäter und einem Rettungsassistenten. Ist auch ein Notarzt an Bord, wird aus dem RTW ein NAW, ein Notarztwagen. Beladung des RTW: Notfallkoffer, Beatmungsgerät mit Sauerstoff, EKG-Gerät mit Defribrillator, Absaugpumpe, Schaufeltrage, Vakuummatratze, Kindernotfallkoffer, Medikamente und vieles mehr.

RTW und **NEF** der BF Potsdam im Einsatz. Der RTW ist von WAS auf einen MB Sprinter 516 CDI aufgebaut. Die Sondersignalanlage besteht aus dem LED-Balken, 2 Frontblitzern, 2 Doppelblitzkennleuchten am Heck und 2 Lautsprechern, die in den Kühlergrill gebaut sind

ITW Intensivtransportwagen des ASB Landesverbandes Berlin auf einem MB Sprinter 416 CDI. Der ITW wird für den Transport von Notfall- und intensivpflichtigen Patienten gebraucht, bei denen während des Transports die intensivmedizinischen Maßnahmen weitergeführt werden müssen. Besatzung: Facharzt und zwei Rettungsassistenten

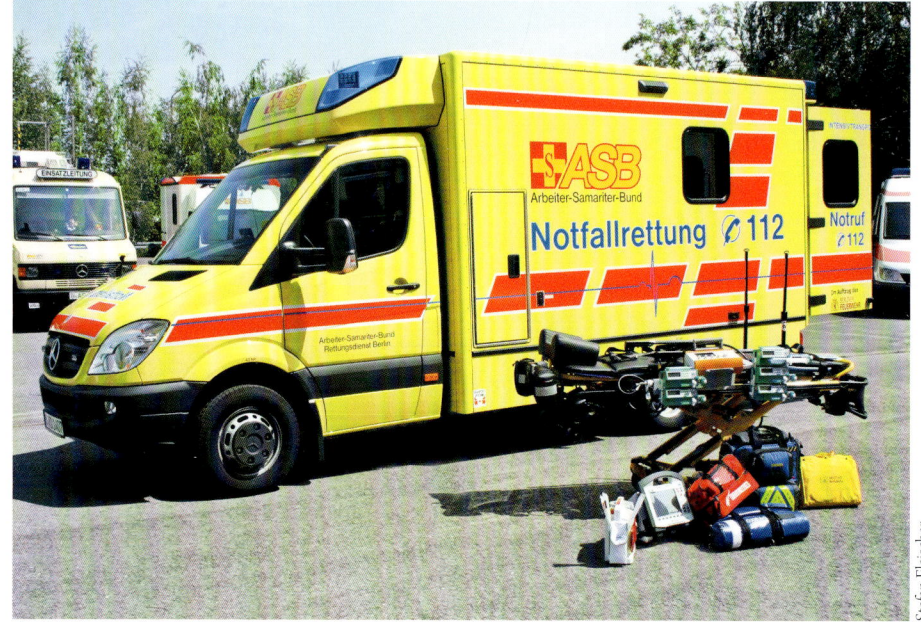

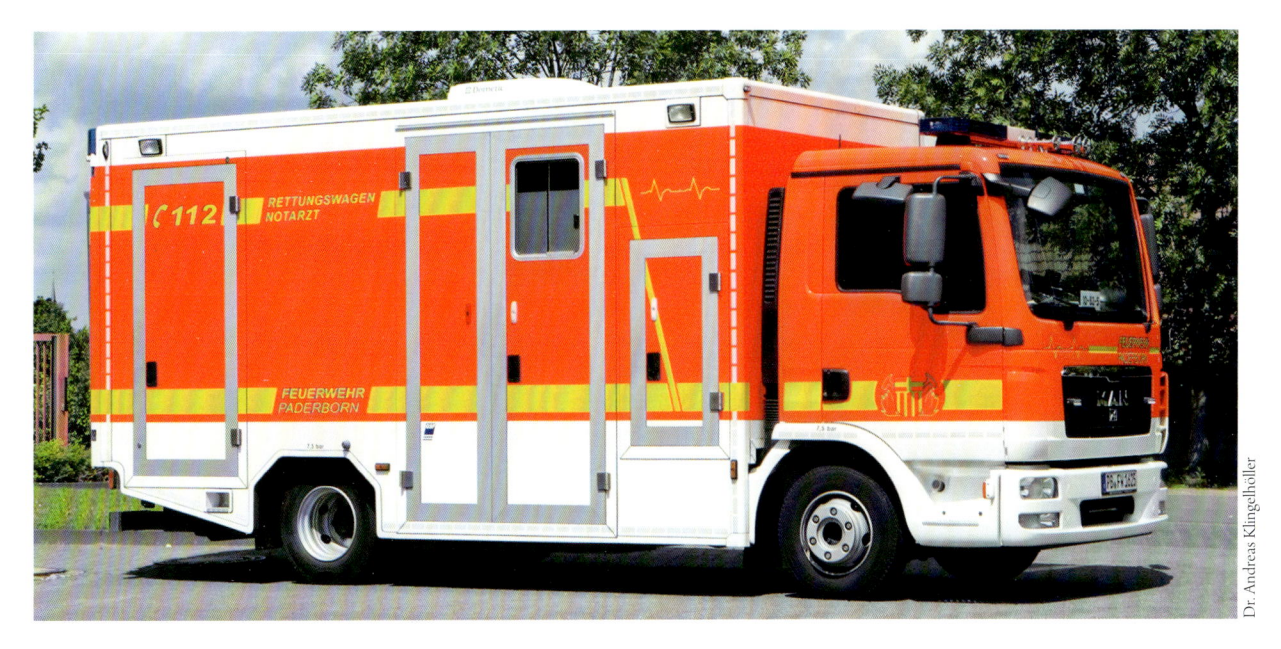

S-RTW der Feuerwehr Paderborn, aufgebaut von GSF auf einen MAN TGL 8.220. Weil dieser S-RTW nicht nur für übergewichtige (bis 350 kg Körpergewicht) Notfallpatienten zuständig ist, sondern auch für Intensivverlegungsfahrten, Transporte von Patienten in Krankenhausbetten und als normaler RTW im Regelrettungsdienst eingesetzt wird, nennt er sich offiziell M-RTW (Multifunktions-RTW)

Der Krankentransportwagen kurz KTW

ist im Gegensatz zum RTW nicht bei Notfällen im Einsatz. Seine Aufgabe ist es, Patienten in andere Krankenhäuser, zu ambulanten Behandlungen oder einfach nur nach Hause zu bringen. Oft können diese Patienten nur liegend transportiert werden oder sie benötigen während des Transports medizinische Betreuung. Weil sich der Zustand der Patienten während der Fahrt verschlechtern kann und unter Umständen rasch eine Klinik angefahren werden muss, hat auch der KTW Blaulicht und Martinshorn.

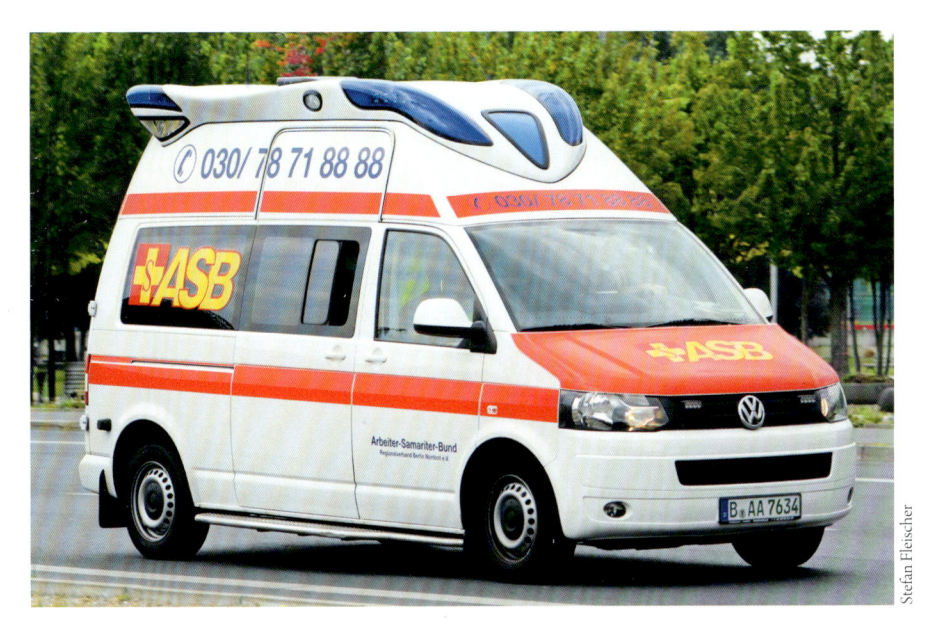

Der **KTW** des ASB Berlin Nordost ist von Ambulanzmobile Schönebeck auf einen VW T5 facelift aufgebaut. Bei der Sondersignalanlage von Hänsch sind die LED Module in den Aufbau integriert

Das Notarzteinsatzfahrzeug kurz NEF

ist meistens ein schneller Pkw oder Kombi, kann aber auch ein Transporter wie der VW T5 oder der MB Vito sein. Anders als beim NAW, bei dem der Notarzt gleich mit im RTW ist, kommt mit dem NEF der Notarzt mit Fahrer zum Einsatzort. Gleichzeitig mit dem NEF startet ein RTW zur Einsatzstelle (Rendezvous-System). Nach der Versorgung des Patienten entscheidet der Arzt, ob er den Verletzten an das Personal des RTW übergeben kann, oder ob er selbst mitfahren muss. Wenn er nicht mitfahren muss, steht er sofort wieder für den nächsten Einsatz bereit. Dagegen muss der Notarzt im NAW in jedem Fall mit zurückfahren, egal ob er gebraucht wird oder nicht.

NEF der Feuerwehr Bocholt, ein MB ML, ausgebaut von GSF. Das NEF ist besetzt mit einem Rettungsassistenten und einem Notarzt

NEF der Feuerwehr Delmenhorst, ein Audi Q5 quattro, ausgebaut von der Firma WAS

NEF des Kreises Steinfurt, ein ebenfalls von WAS ausgebauter VW Transporter TDI 4Motion

Als Vorführwagen zum **NEF** ausgebauter BMW X3. Ambulanzmobile Schönebeck

Sonstige Fahrzeuge

Das Mehrzweckfahrzeug kurz MZF

ist normalerweise mit Sitzen ausgestattet, aber die können schnell entfernt werden. So kann das MZF eine Mannschaft, die Einsatzleitung oder auch Geräte transportieren.

MZF der FF Hohenstein, Aufbau Barth auf VW T5 4motion

Das Kleineinsatzfahrzeug kurz KEF

ist ein Gerätewagen für alle möglichen kleinen Einsätze zur technischen Hilfeleistung. Besatzung und Ausrüstung werden jeweils dem Einsatzzweck angepasst.

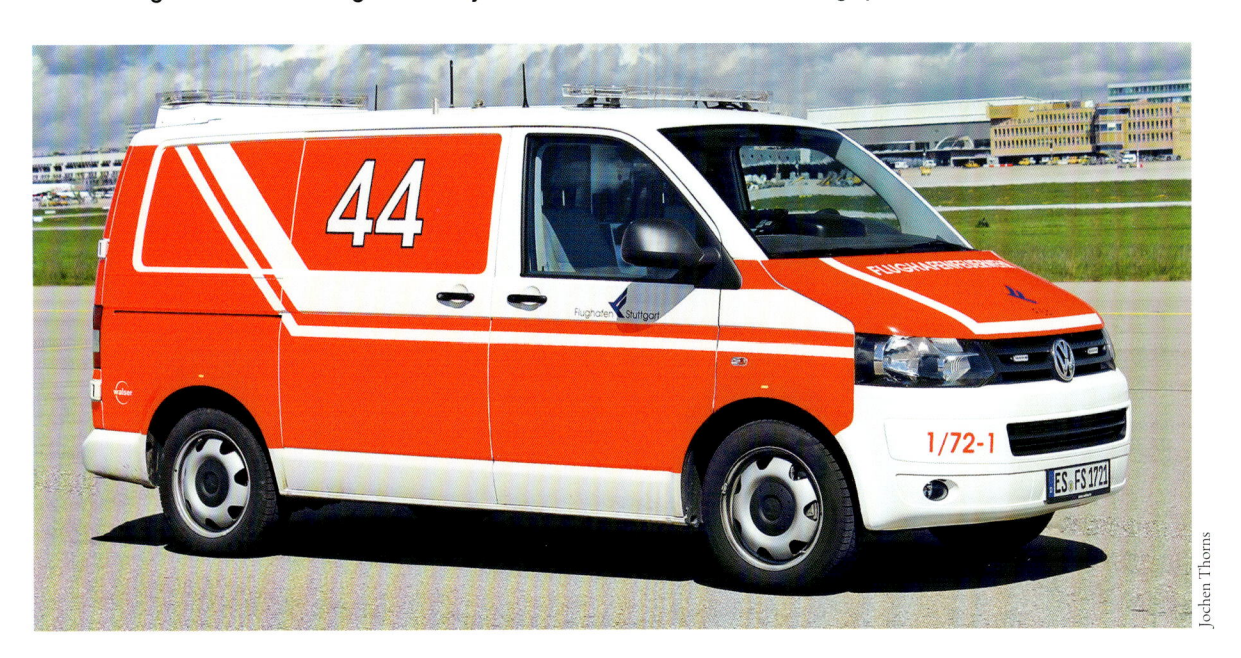

KEF des Flughafens Stuttgart, aufgebaut von Walser auf einem VW T5 GP

Das Mannschaftstransportfahrzeug kurz MTF

ist in der Regel ein Transporter, der eine Staffel (6 Leute) oder eine Gruppe (9 Leute) aufnehmen kann. Der MTF befördert Feuerwehrleute und deren Ausrüstung.

MTF der FF Altdorf auf VW T4 von Barth. Im Heck werden 2 Pressluftatmer mitgeführt

Der Schlauchwagen kurz SW

transportiert Druck- und Saugschläuche und Armaturen als Nachschub. Bei 6 km/h kann er B-Druckschläuche während der Fahrt verlegen. Besatzung: Trupp (2 oder 3 Leute)

SW-KatS der FF Amelinghausen auf MB Atego 1326, Aufbau Car + Camper

Das Großlüfterfahrzeug

transportiert einen mobilen Großventilator in Leichtbauweise zum Belüften großer Häuser, Tunnel oder Hallen. Hinter dem Fahrerhaus sind zwei Geräteräume aufgebaut.

Großlüfterfahrzeug der Werkfeuerwehr von Audi, aufgebaut von Empl auf VW Crafter Pritsche

Das Schienenfahrzeug auch HLF-Schiene

kann auf Straßen und Gleisen fahren. Für die Fahrt auf Gleisen werden Führungsrollen ausgefahren, die die Spur halten. Einsatz in Tunneln und auf entlegenen Bahnstrecken.

Schienen TLF von Empl, aufgebaut auf einem MAN TGS 33.440

Sonstige Fahrzeuge

Das **Rettungstreppenfahrzeug** kurz **RTF** kann bei Notfällen an Flugzeuge herangefahren werden, um Passagiere herauszuholen. Umgekehrt können Einsatzkräfte über die Rettungstreppe in das Flugzeug gelangen.

RTF des Flughafens Frankfurt am Main, Spezialentwicklung von Rosenbauer, Einsatzhöhe bis zu 8,30 m

Wenn Du mehr über Feuerwehrfahrzeuge wissen willst, empfehlen wir diese Bücher

Fordere unser Gesamtverzeichnis an mit Büchern über **Autos**, **Motorräder**, **Lastwagen**, **Traktoren**, **Feuerwehrfahrzeuge**, **Baumaschinen**, **Schwerlast** und **Lokomotiven**:

Verlag Podszun Motorbücher GmbH
Elisabethstraße 23-25, 59929 Brilon
Telefon 02961-53213, Fax 02961-9639900
Email info@podszun-verlag.de
www.podszun-verlag.de

Die Geschichte der Iveco Magirus Feuerwehrfahrzeuge von 1975 bis heute.
176 Seiten, 370 Abbildungen
28 x 21 cm, fester Einband
Bestellnummer **561**   EUR **29,90**

Standardwerk der Werk- und Betriebsfeuerwehren, inklusive Sonderkonstruktionen.
248 Seiten, 1410 Abbildungen
28 x 21 cm, fester Einband
Bestellnummer **389**   EUR **39,90**

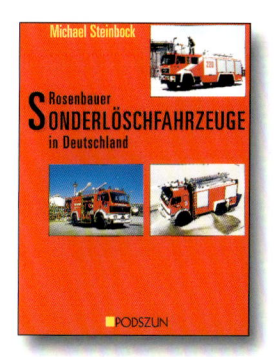

Rund 150 Sonderlöschfahrzeuge von Rosenbauer mit technischen Daten und Maßzeichnungen.
342 Seiten, 805 Abbildungen
28 x 21 cm, fester Einband
Bestellnummer **216**   EUR **44,90**

Geschichte und Fahrzeuge der 20 Berufs- und hauptamtlichen Freiwilligen Feuerwehren.
128 Seiten, 260 Abbildungen
28 x 21 cm, fester Einband
Bestellnummer **440**   EUR **19,90**

Umfassende Chronik aller VW-Typen, die bei Feuerwehren im Einsatz sind.
182 Seiten, 480 Abbildungen
28 x 21 cm, fester Einband
Bestellnummer **416**   EUR **29,90**

Die traditionsreiche Geschichte dieses großen deutschen Feuerwehrfahrzeugherstellers.
192 Seiten, 525 Abbildungen
28 x 21 cm, fester Einband
Bestellnummer **378**   EUR **29,90**

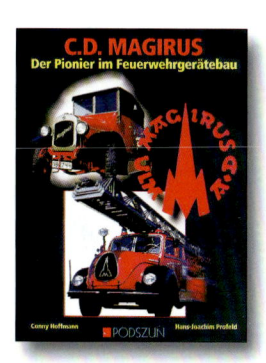

Abbildungen, Dokumente und seltene Originalprospekte dieser legendären Marke.
208 Seiten, 410 Bilder
28 x 21 cm, fester Einband
Bestellnummer **241**   EUR **34,90**

Die Geschichte der deutschen Drehleitern in den wichtigsten Ländern der Welt.
223 Seiten, 382 Abbildungen
28 x 21 cm, fester Einband
Bestellnummer **175**   EUR **12,45**

Die schienengebundenen Löschfahrzeuge und die Rettungszüge der Bahn und ihrer Vorgänger.
180 Seiten, 490 Abbildungen
28 x 21 cm, fester Einband
Bestellnummer **688**   EUR **29,90**

Rüstwagen auf der Schiene, Unfall-Hilfszüge der Bahn, Straßenfahrzeuge der Bahnfeuerwehren.
180 Seiten, 510 Abbildungen
28 x 21 cm, fester Einband
Bestellnummer **713**   EUR **29,90**